回眸與追求

傳承不熄的暗夜微光

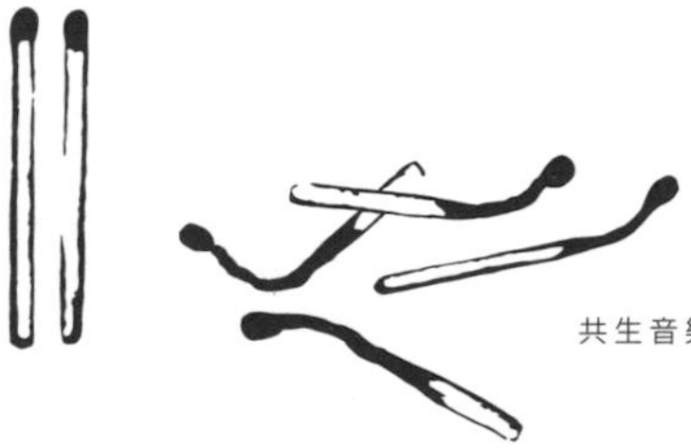

共生音樂節籌備團隊×海嶼暗潮　共同編著

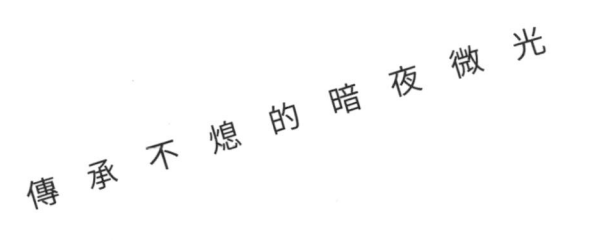

共生音樂節

我們在這裡

目錄

一｜推薦序

／期許一個可以和解共生的國家——為2016年共生音樂節而寫／

文／向陽（詩人、國立台北教育大學台灣文化研究所教授）

以「共生音樂節」為名，自二〇一三年舉辦迄今，已經成為受到國人矚目的紀念二二八活動之一。這個活動的主導者是一群關心國家主權、社會正義的青年世代，他們在各大學舉辦二二八事件相關電影、座談、真人圖書館、社運展覽，乃至快閃宣傳活動，以異於前行世代的具有創意的紀念方式，試圖召喚新一代台灣人的歷史記憶和國家認同，尋求這個社共同需要的正義與和平。

他們以「共生」來命名這個活動，意義深長。「共」字，可拆解為「廿八」，作為「二二八」的圖像與符碼，指向「因二二八而重生」的命名意涵；而在日常生活之中，「共生」也意謂著和平與不懷仇恨的「共同生活」，指向二二八事件經過將近七十年之後的今天，年輕世代已經從這個事件的族群問題中走出，關注的是不同族群在這塊土地上和平共生的積極議題：藉由對二二八事件的再回顧與再省思，他們認真地尋求建構真實的歷史記憶的空間，並且以實踐的方式推動尚未落實的轉型正義課題。

從二〇一三年開始，「共生音樂節」逐年推出的活動主題，也彰顯了這群新世代青年的的夢圖，第一年他們名之為「青年超克未來」，第二年稱之為「毋通袂記」，第三年號之為「青年再起」，今年則命之為「我們在這裡」——從「青年超克未來」到「我們在這裡」，可以看出「共生音樂節」聚焦的是歷史記憶的喚醒與凝聚、傳承並超越上一代的「青年精神」，以及堅定地以「我們在這裡」的意志，創造理想社會的理念與實踐。

我讀這本《回眸與追求：傳承不熄的暗夜微光》，心中充滿感動。這群新世代新青年從不同的向度、不同的視角，共同投注對台灣的深情眸光。他們從文學、藝術的角度，評價詩作中的二二八、分析電影《悲情城市》、探究黃榮燦版畫、論述吳濁流《波茨坦科長》中「祖國」夢的幻滅；從歷史和媒體的角度，探看歷史教科書中的二二八面貌、析論媒體報導中的二二八印記；從教育的角度，討論課綱爭議與歷史記憶、紹介二二八紀念碑的創設與變革、陳述參與共生靜態展的想像；更從政治與社會的角度，論述政府、民間對於二二八轉型正義的不同思維、衝突與未來實踐的可能性。

這些青年，來自不同大學和不同的教育背景，標誌他們參與太陽花學運、反課綱運動的同時，對於台灣明日的期待和論述能力，他們超克了前一世代未敢、未能或未及表述的深沉議題，為我們共同生活的國家與社會勾勒了可以多音交響、可以眾聲喧嘩、也可以和解共生的藍圖。

沒有仇恨，只有理性；沒有怨艾，只有理念；沒有閃躲，只有實踐。我讀他們的字字句句，不只看到闇夜中的微光，還看到在他們一步一步實踐之下，一個可以和解共生的國家的即將到來。

向陽

／上一代未曾出現的勇敢／

文／陳瑤華（東吳大學哲學系教授）

《回眸與追求：傳承不熄的暗夜微光》隱含相互矛盾的情緒：二二八重見天日的欣喜，以及未來到底會怎樣的焦慮。前半部論及詩、文學、影像、藝術還是媒體的再現的二二八，細數從禁忌到可以公開紀念，看起來很正面。然而，只要是一種「再現」，一定是有所「隱」、有所「顯」，有能言說顯現的，一定也會有被這言說遮蔽的。需要以批判、反思，才能去蕪存菁。最後，在不同脈絡的演繹裡，找到更接近的真實。後半部記敘轉型正義應有的政治工程，從聯合國轉型正義的指引和各國的經驗，到反思台灣政府一路走來的跌跌撞撞、零零落落，看起來很負面。不過，因為必須超越現在、投身未來，以尋找現在，所以一定需要面對轉型的不義。值得稱讚的部分是上一代未曾出現的勇敢，在 動正視歷史與人性黑暗的當下，雖然焦慮卻沒有逃避。

二二八的再現和歷史的記憶不會自動產生意義，只有妳、我集體的決定和行動才是自由。任何的決定和行動一定會有代價，如果沒有承擔後果的勇氣，就不能算是自由的決定和行動。焦慮的背後，是缺少方向的「現在」。因為作為決定過去和未來命運的當下，必須有所「取」、「捨」，沒有了斷，就沒有方向。

雖然一再呼喚「只有受害、沒有加害」，但到底該如何處置「加害」，卻只有抽象的理論，沒有具體的現實。即使台灣社會已經觸及「加害」及「受害」的歧義性，並不代表這樣的界限可以隨意模糊掉，更不能取消：應該如何細緻處置加害責任的這個問題。

如果是追訴刑責，那麼一定要面對：曠日費時的司法程序，即使有充裕的經費及專業的人力，仍然需要坦然面對公正審判建立的無罪判決，只要那是依循嚴謹的證據法則及程序正義。而到底是特別法庭還是普通法庭，另立特別法還是走一般法院的程序，都需要詳細的沙盤推演，分析利弊。無論如何，不能忽略刑事的轉型正義是政治性非常高的司法工程，如果排斥法律成為政治改革的手段，只會讓被威權侵蝕的司法繼續荼毒正義、偏離人權。終究來說，法的實證主義必須結合人權價值對於威權下「令」任意性的批判，讓法的意義完整。國安法第九條形同無差別的特赦，無論怎麼看，都不符合法律最基礎的正義。

如果一開始想要走的途徑是真相與和解，那麼如何讓加害者現身？如何讓真相有機會公諸於世？這些都需要深思：「公眾的原諒」（public forgiveness）該怎麼化為具體的現實？台灣「獵巫」的媒體、網路文化無法創造「公共原諒」的社會大環境，壓縮了隱性「加害」可以透光的空間。加害者躲得老遠，真相反而密不透風。沒有比死刑更能讓真相和正義石沈大海了！人死了，所謂的「一了百了」。可是「真相」呢？留在受害者心中的「痛」呢？加害者至惡的扭轉和剷除呢？只能沈默以對、一痛再痛、任由其春風吹又生嗎？「公眾的原諒」是面對無可原諒、無法原諒的至惡，唯一仍有機會扭轉情勢的手段。相反地，仇恨和嚴刑峻罰只會複製至惡的邏輯，讓同理心完全消失。

讓我再說，《回眸與追求：傳承不熄的暗夜微光》有上一代未曾出現的勇敢，但這條路回頭沒有岸；而先輩們追求的正義正在前方呼喚，那會是真正交會、相遇的久別重逢啦！

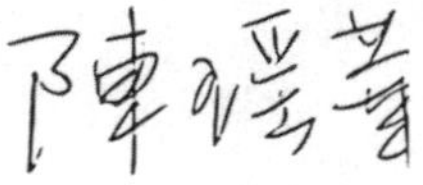

二

前言

／前言：跨越世代的追尋／

文／共生音樂節工作小組 X 海嶼暗潮

發生於一九四七年的二二八事件，是父祖輩們為了追求公理正義，以請願談判、或揭竿而起，具體行動實踐對社會的理想，卻遭統治當局無情的鎮壓與整肅，事後受難者也長期遭到污名化、事件真相在高壓政治下噤口難言。晚近的民主化運動中，透過黨外、社運前輩的努力，讓二二八的傷痕受到正視，逐步走向昭雪平反。明年二二八即將屆滿七十週年，站在這個時間點上，今年的共生音樂節，透過動態的活動與靜態的手冊、展示，再度回望這段歷史，除了不要遺忘外，更重要的是對正義問題的反省。

音樂向來是具有穿透力量的文化抵抗方式，台灣的年輕人在二〇一三年發起紀念二二八的「共生音樂節」，希望能以音樂表演、地景導覽、真人圖書館等多元互動的形式，讓更多青年學生與社會大眾關心二二八事件。「海嶼暗潮文史研究小組」則是衍生於二〇一三年共生音樂節論述組的學生社團，以推廣臺灣文史知識為主要宗旨，致力於舉辦二二八、白色恐怖相關的講座或讀書會。已經辦了三屆的音樂節，第四屆的活動主題是「我們在這裡」，想邀請大眾重新認識事件裡的女性、原住民與三月鎮壓的政治受難人們，也作為一種與現實對話的宣示，希望政府能看到社會上許多弱勢者、傾聽他們的聲音，讓台灣成為具公平正義的人權國度。

今年的活動手冊中規劃了三個主題，代表在這個眾聲喧嘩的時代，青年學子對二二八的重新理解與追尋，各章說明如下：

第一部分是「時代低語」，從藝文作品進入二二八事件，以小說、新詩、畫作、電影作品，來看創作者如何以虛入實，表現官方歷史所不敢訴說的真實性，即使在政治禁忌的年代，仍奮力留下苦難者的聲音、銘刻歷史的傷痕。

第二部分是「抵抗遺忘」，呼應去年沸沸揚揚的反課綱運動，透過爬梳二二八的歷史記憶轉變，瞭解教科書、媒體、紀念方式如何形塑我們的認識，思考台灣社會需要什麼樣的公共記憶，進而走向更具多元包容的命運共同體。

第三部分是「未竟之業」，二二八作為統治機器的暴力與集體屠殺，即使官方已做了道歉與賠償，但在轉型正義的實踐仍然有許多不足，透過討論轉型正義的法理、政府與民間走過的歷程、其他國家的案例，希望喚起大眾的重視，也呼籲即將上台的新政府正視未完成的真相揭露、究責懲兇等問題。

這本小冊子編寫的目的，是想藉由回顧台灣社會對二二八事件從隱晦禁忌到訴說傷痕，走向如何建構世代間的共同記憶，進一步反思轉型正義的實踐與缺憾。歷經了太陽花學運、反課綱運動後，台灣認同已成為多數年輕人心中的主流價值。這塊土地過往的政治受難與人權奮鬥史，也應該是需要珍視的前人遺產，年輕世代有義務繼承並發揚，這是向當年那些即使身處在暗夜中，仍奮力點亮自由微光的前人緬懷與致敬，也是為了邁向更美好的台灣，將民主自由的薪火承繼給下一世代。

三

時代低語

溫柔的抵禦——詩作中的二二八

徐祥弼

三月九日
是　我的生日
一九二七年三月九日　曾是單純喜悅的日子。

可是

花蓮　鳳林　太古巢
親愛的姑丈　並倆位舅舅　被慘殺的二二．八
殺人軍團，惡魔軍團　登陸本土玄關基隆港
是一九四七年三月初九

從此
不再慶祝了
請勿再向我說
「生日快樂」。[1]

1　杜潘芳格〈生日〉，1990年。

杜潘芳格這位跨越語言的一代的詩人，面臨戰後政權的轉換，在語言與文字的使用上遭遇了困境，這代由若林正丈所指稱的「日本語人」，他們「提起筆／想訴說心中的悲苦／但筆尖卻流不出文字來」[2]，他們的「語言失去了出口」[3]，在這窘境下若想要繼續書寫，就必須經歷一段艱辛的心境和語境轉換的過程。

除此之外，苦悶更是源於政治。經歷了二二八事件以及隨之而來的三月大屠殺的衝擊、戒嚴的肅清氛圍，「唯也自己能諦聽的細微聲音，／那聲音牢固地，上鎖了」[4]，這一代的作家頓時連藉以反抗的武器、賴以維生的工具都失去了，彷彿被銬上一副無形的沉重枷鎖。原本以為重回「祖國」的懷抱是一件令人振奮的事，可是台灣人卻繼續重複著歷史的悲哀——依然是權力下受制的一群；唯一不同的只是從原本的外部殖民（external colonization）轉移成了內部殖民（internal colonization）[5]，百姓於是「在異族的統治下反抗異族／在祖國的懷抱裡被祖國強暴」[6]。而社會上的一切秩序也在國民政府到來時完完全全地被重置了，「此時，語言純屬多餘」[7]；軍警以「機槍代替判決；

---

2 錦連〈無為〉，戰後初期作品。

3 杜潘芳格〈聲音〉，1967年。

4 杜潘芳格〈聲音〉，1967年。

5 內部殖民主義（internal colonialism），指的是由國家機器在經濟、文化、政治上，以對待國外殖民地般的剝削、歧視等的宰制手段加諸在國內的少數族群身上。見於Anne McClintock，The Angel of Progress: Pitfalls of the Term Post-colonialism，1992年。

6 陳黎〈二月〉，1989年。

7 廖莫白〈毀滅〉，1984年。

／哀號代表控訴」[8]，人民之中「有嘴的，不許說／有耳的，不許聽／有眼的，不許看／有心的，不許想／就連不／也不讓講」[9]。

「文學作品是根據與歷史環境中的社會結構對應的思維來組織想像……那些在思想與行動上關切著『意義』的人們——他們以美學的方式來表現自身對歷史與社會處境的觀照」，張文智如此論述著台灣文學的社會關懷面向，文學作為一種發聲的管道，表現最淋漓盡致的便是詩人。詩人們直視現實的卑微與蒼涼，以善感的心靈書寫他們所感知到的外在，在詩歌中呈現真實流露的悲憫，以及或隱晦或尖銳的批判。由於詩的形式比較隱晦，相對於小說需要將情節交代清晰的特點，作家可以更加「不落痕跡地來詮釋自己的政治觀」，減少了在「驚恐政治陰影」下的憂懼與惴惴不安[10]；他們跟隨、歌詠真實，在那漆黑的世界裡說出重要的事物[11]，以筆為武器，以他們的溫柔來對抗世界的野蠻與社會的偽善。又或許是因為身處在台灣這樣一個長期處於弱勢的國家，殖民政權來來去去，一切倉促的風景中，人民始終處於權力結構下被壓抑的一方；與多外來者接觸的結果勢

8 廖莫白〈毀滅〉，1984年。
9 向陽〈暗雲〉，1996年。
10 陳千武自剖的心路歷程，見楊翠《台中縣文學發展史田野調查報告書，丙篇》，台中縣，台中縣立文化中心，1993年6月，頁258。又見於《台中縣文學發展史（第四篇）》，台中縣立文化中心，1995年6月，頁257、258。
11 "To be a poet in a destitute time means: to attend, singing, to the trace of the fugitive gods. This is why the poet in the time of the world's night utters the holy", Martin Heidegger(1971), *Poetry, Language, Thought*, p92.

必會造就多元的文化，但這種多元的背後是缺乏主體性的。詩人們或許就是在這座島嶼的邊緣下，深感無所適從，因而創作出一首首動人的篇章，以此發聲，以此控訴，以此抵禦，以此療傷。或許就像《Sumé——革命之聲》的導演 Inuk Silis Høegh 在訪談裡談到的：「文化和政治這兩件事情是很難分開的，我們的文化、生活就是政治」。

描寫二二八的詩大致上可分為兩個階段，一個是有實際經歷過事件的詩人的創作，如錦連、林亨泰、柯旗化、吳新榮、蕭翔文、張冬芳、杜潘方格、趙天儀、陳千武等人，另一個是出生在二二八事件前後的作家群的反省與悲嘆，有詹澈、鄭炯明、陳芳明、瓦歷斯．諾幹、許悔之、李敏勇、向陽、陳黎、劉克襄、吳晟、鯨向海等。戰後初期的作家因為直接接受了國民黨政府來台初期的高壓統治，則多採取隱喻、象徵的手法來傳遞他們的思想感情[12]，常以青苔做為不受關愛、在陽光照不到的角落暗自生長的廣大「群眾」意象，「把護城河著色／把城門包圍　把城壁攀登／把兵營瓦覆沒／青苔　終於燃燒了起來」[13]，林亨泰以此描寫人民的覺醒與反抗，意有所指的暗示「潛在的力量終究會形成燎原之火」[14]的態勢。相關詩作開始大量出現，大約是在政治稍微鬆綁的八〇年代後。詩人們或寫實、或諷刺、或直銳、或迂迴地描述數十年前發生的那件慘事，以文學記憶一個時代的荒涼，以溫柔重構一場將來的和暖及美好，「不是為了恨／而是愛……不是

12　許俊雅，〈從困境，求索到新生〉，1996 年。
13　林亨泰〈群眾〉，1940 年代，原本是以日文創作，直到 1993 年才終於以中文見於其著作《見者之言》中。
14　許俊雅，〈從困境、求索到新生—談台灣新詩中的二二八〉，1996 年。

為了記憶死／而是擁抱生」[15]。

在那個時代，人民的無奈與孱弱在廖莫白的〈毀滅〉這首長詩中表露無遺，在詩作中，絕望與幻滅不斷滋長著：「我們無力阻止新婚的死別；／我們無力挽回黑暗的侵襲；／在槍聲不斷響起的午後，／我們擱淺於不安的年代……眾多的菁英，／或因語言稍有不慎，／或因情緒稍有憤滿，／換來了不幸的犧牲」，人們不只是「凝視著一個恐怖的夜」[16]，更時時刻刻感受到死亡的威脅，陳千武寫出了那個年代的不安：「墓　從草叢的邊緣／發出遙遠而細微的聲音／呼喚我……如今　死或失蹤都一樣／沒那麼神秘」[17]。在經歷那場突如其來的震撼後，普羅大眾從此「擁有的只是／淡漠的生／淡漠的死」[18]，不再有什麼激情或者狂喜，「所有的孕婦／他們的肚子非常的明白／未來的孩子／未來的命運」[19]，不只母親，「死去的父親希望他的小孩／永遠不要長大」[20]。因為長大是更大的危險，可能因此被抓走，而抓走後大概就再也回不來了，家人也不知其生死。何光明有一首詩講述的是這種心裡仍抱持著一絲希望的狀態：有一名婦人的丈夫失蹤了，而她展開尋找的旅程，她努力地活著，期待能有再見到他的一天，可是最後「她活得很長很

15　李敏勇〈這一天，讓我們種一棵樹〉，1988年。
16　當時還是個小學生的趙天儀，在1996年創作的〈在關緊的門窗縫隙間〉一詩中這麼寫道。
17　陳千武〈墓的呼喚〉，1987年。
18　江自得〈從那天起〉，1993年。
19　何光明，〈一九四七〉。
20　許悔之〈年代〉，1988年。

長／最後還是輸了／比不過他」，作者的黑色幽默似乎欲使人發噱，可是背後暗藏的龐大無奈想來卻令人難堪——因此，鄭炯明在〈永遠的二二八〉一詩中呼籲大眾正視這件傷痛，以愛與堅強一同攜手走過，「揭開歷史的假面／誰都有承認死亡的權利」。

親身經驗了二二八事件的吳新榮，將那場激變形容為與二十年前中國發生的五卅慘案近似的悲劇[21]，以洪水為喻寫下了〈誰能料想三月會做洪水〉這首詩，以洪濤過後的各種慘狀為喻，更直言「勇敢的青年」、「理智的青年」成為這場「災難」的罹難者，並發以「這樣社會何時能夠新生」而感嘆。而事發當時在「內地」的臧克家，也在聽聞了國民政府的血腥鎮壓後寫下了〈表現——有感於台灣二二八事變〉這首詩，來譴責國民政府：「祖國，祖國啊！你強迫我們把對你的愛／換上武器和紅血／來表現！」。長期處於各種殖民型態下受害者角色的原住民，也常在相關作品中表達這種不滿與不甘的情緒，作家瓦歷斯．諾幹的詩：〈中國，我再也不能愛你〉即為一明顯的例子，「中國，我再也不能愛你／島嶼的苦難，尚待撫慰／還忍心不顧自己國家／還忍心辱辱繼續存在」。

至於二二八的書寫方式，更是層出不窮。有各種意象的使用，如「碑」、「種樹」、「花」等——「碑」發揮了「紀念」與「鎮魂」的功用，有如李敏勇的〈碑〉：「因此／我們立築碑石／為所有的受難者／為每一個穿越歷史的名字／紀念每一個受難的名字

21　吳新榮〈震瀛回憶錄—此時此地〉。

／為永恆雕刻自己的名字」；同時也代表了「療傷」與「重生」，相關作品有李敏勇〈碑〉：「讓夢魘／凍結在時間的過去／不再阻擋我們前進的道路」、何光明〈碑〉：「在靈魂歸宿的地方／子孫樹立了紀念碑／從低矮的墓碑／到高大的紀難碑／子孫們由爬行到站立／由低頭到抬頭挺胸／走過人間最長的一條路」；然而，也在某種程度上，這個「碑」的存在，卻也標誌著「創傷」，吳晟〈經常有人向我宣揚〉：「紀念碑的陰影下／繼續庇蔭了誰／掩蓋了多少血淚的真相」、黃樹根〈誰來傾聽那風中的悲泣〉：「紀念碑卻躲躲藏藏／無法挺身標示／流血的名字／陰影仍壟罩著陽光的叩訪」、向陽〈暗雲〉：「那一攤攤台灣青年的血／換來冷冰冰的紀念碑」、李魁賢〈碑〉：「總是在爭執過後／在心受到創傷後／才想到建碑／給予安慰／　碑／卻標舉著創傷／在陽光下／刺痛了眼睛」。雖然立下了這個紀念的信物，其內涵卻不必然代表反省與理解，最多只能說是一種象徵性的符號，一種加害者得以說嘴的「反省」，因而詩人反思「何必鐫刻／終必風化的頑石／如果記憶保留在／還原後的歷史」[22]，不如「種一棵樹」、「養一朵花」，讓嶄新的生命從泥壤中迸發，「種下希望的幼苗／而不是流下絕望的淚珠……作為一種許諾／作為一種堅持……樹會盤根土地／守護我們的島嶼」[23]，如此生生不息下去；李敏勇、林豐明、何瑞雄等人皆有相關詩作。

在形式上，更有如向陽〈一首被撕裂的詩〉中的刻意留白、空下：

22　林豐明，〈二二八紀念碑〉，1992年。
23　李敏勇，〈這一天，讓我們種一棵樹〉，1988年。

「一六四五年掉在揚州、嘉定漢人的頭／直到一九一一年／滿清末帝也沒有向他們道歉
夜空把□□□□□□／黑是此際□□□□□□／星星也□□□□□／由著風
□□□□□□／黎明□□□
□夕陽□□□□／□□唯一□□□／□遮住了□□／□雨敲打□□□□／的大□
□帶上床了／□□的聲音／□□眼睛／□□尚未到來／門
一九四七年響遍台灣的槍聲／直到一九八九年春／還作著噩夢」

正如李敏勇評論這首詩時說的，「這首被撕裂的詩，在詩行裡用了許多沒有文字的空格，一方面表示撕裂、瘖啞，另一方面可供拼湊，想像。歷史被淹滅，歷史也被重構。空白的解讀在那時代，是一種沒有說出的話語」。

除了華文現代詩之外，古典詩、母語詩也是被使用的表現方式，由此更顯示了台灣文化上的多元與豐富。古典詩的創作，或許是時代環境的無奈與難堪，也或許是相關詩作大抵為飽讀詩書、社會地位較高、獲得許多政府好處的文人所創作，所以立場大多支持官方，對於二二八事件的那些「領導起事者」的敘述也多是扭曲的負面形象，多以「兄弟」相關的形容來描述台灣與中國的關係，諸如「鬩牆」、「箕豆」、「讓梨」、「同根」等。至於曾今可、魏清德、陳必康、宋昂、張紹達等無論是台灣或是「外省」的文人多是大力抨擊、污名化站在政府對立面的人民，這些作家所創作的步韻詩中往往使用了「奸徒荒謬」、「叛變」、「暴行」、「妖氛掃蕩」、「認賊為兄」、「動亂」等字眼來形

容百姓的抗爭行為，在高牆面前選擇雞蛋[24]的人似乎成了異數。

另外，在母語詩的面向，向陽將之與政治詩相提並論，給了「車之雙轍，由台灣渾厚的泥土中行過，翻醒了自一九四七年二二八事件之後，暫時沉默，而後囁囁以道的台灣人的聲音」的評價，這段文字確切地表達了母語詩的功能取向與政治性質，而在此種對於創作的語言選擇上也間接反映了作家的認同與主張；母語作家們從本土的根基出發，關照自身、社會、家國，以草根的力量作為對外來勢力、語言、文化的反動，成為一種抗議的姿態，一種對於台灣這座島嶼的蒼涼與無助的吶喊。因此，便有如路寒袖〈耳空內的蟲聲——獻給228所有的受難者及其家屬〉：「有一款名／安分清白台灣囝／毋過啊，是按怎／恁的身世族譜用血寫」、李敏勇〈佇悲傷中，愛佮希望的歌——為被出賣的台灣，為被背叛的二二八〉：「我唱過悲傷的歌／用血的燒熱溫暖冷感的心／用目屎灌溉心靈乾燥的土地／悲傷的歷史／若親像萎去的草的形／若親像謝去的花的影」等相關創作的出現。

在歷史恆常的對話與辯證之中，有什麼留下了？又有什麼遺失了？我們究竟記得了些什麼呢？什麼是真實？而什麼又是虛假？在一九四七年那場鉅變過了好久以後的現

24　2011年，村上春樹出席耶路撒冷文學獎頒獎典禮的時候，發表了一場獲得國際間廣大迴響的演講：「以卵擊石，在高大堅硬的牆和雞蛋之間，我永遠站在雞蛋那方。無論高牆是多麼正確，雞蛋多麼地錯誤，我永遠站在雞蛋這邊。」

在，一切都已然變得淡淡的，遙遠的彷彿不曾存在，可是卻又如此確切而鮮明。曾經，有什麼真的發生了阿，在那個二月的最末。「雨過天晴之後／有什麼永遠離去了／一切的一切，都變成了假日／天空下無數負重的肩膀／伸著懶腰／淚水不再是／永遠不再落下般滴落」[25]，鯨向海這麼寫道。

終究我們必然能夠抬頭挺胸吧，像個台灣人地抬頭挺胸[26]。

25 鯨向海〈二二八〉，2009年。
26 1970年4月，黃文雄在美國暗殺蔣經國未遂，被捕時高聲宣示到：「讓我像台灣人一樣地站起來！（Let me stand up like a Taiwanese!）」。

參考資料：

一、專書

＊ 李敏勇，《傷口的花——二二八詩集》，台北市：玉山社，1997。

＊ 陳謙，《文學生產、傳播與社會：解嚴後詩刊選題策略析論》，台北市：秀威出版，2010。

＊ 杜潘芳格、黃勁連等，《天・光：二二八本土母語文學選》，台南：臺灣文學館，2010。

＊ 鯨向海，《通緝犯》，台北：木馬文化，2002。

＊ Martin Heidegger(1971), Poetry, Language, Thought.

二、單篇論文

＊ 顧敏耀，〈台灣古典詩與二二八事件—以林獻堂、曾今可及其步韻詩為主要研究對象〉，「228歷史教育與傳承研討會」論文（二二八事件紀念基金會、高雄市政府合辦，2009.02）。

＊ 許俊雅，〈從困境、求索到新生——談臺灣新詩中的二二八〉，《傷口的花・二二八詩集》附錄（1997）。

再看《悲情城市》

楊小八

提到二二八事件的相關電影，首先會想到的是侯孝賢執導的《悲情城市》，這部電影拍攝於一九八九年，當年台灣的社會環境，剛剛脫離長達三十八年的戒嚴統治不久，二二八事件仍是台灣社會的禁忌話題，這部電影率先揭開台灣的政治禁忌，第一次將二二八事件呈現在銀幕上，也是第一部獲得威尼斯影展金獅獎的台灣電影。當時選擇直接先送影片參展，而不是回台灣放映，躲避新聞局的電影內容檢查，這也是影片未遭禁演或刪減的理由。

日治時代結束後，台灣重歸「祖國」的懷抱，對許多台灣人而言是個新的開端，但也是悲慘的開始。影片有意以一個小孩的誕生，來象徵這個新時代的開始。影片的開頭，一片漆黑中，一個黑道家庭的大家長林文雄正慌張地斥責下人趕快燒熱水，原來是他的小老婆正在生產；這時收音機播放的是日本裕仁天皇「玉音放送」，在日本政府投降的這天，林文雄的小孩出生了，取名為林光明。影片透過小孩的誕生與名字，以及停電復電等意象，象徵台灣人期待的是一個光明的未來，然而，接下來卻是一個黑暗的時代。黑暗時代「要開始了」，也由下個鏡頭獲得強化：新年期間，林文雄一家子幾十個人在新開設的酒樓「小上海」前合照；攝影師以日語大喊「要開始了」，老舊相機噴出一陣白煙，慢慢地從畫面左方飄向右方；這時，影片中憂鬱不安的音樂首次配合著熱鬧的全家福照出現。

影片出現曲折的山路，是寬榮要求自小耳聾的文清去接妹妹寬美時，上山路途經過一個迴旋針式的轉彎，並在陰影中一縷陽光緩緩流過山路。從這個轉彎開始，影片透過幾個相當複雜的戲劇環節，敘述國民政府來台後對台灣人認同感的衝擊。首先，利用幾次知識分子的聚會談話，勾勒出國民政府來台初期政治、經濟與社會的混亂狀況。在幾次聚會中，本地與外地的知識分子（文清、寬榮、寬美、何記者、林老師、老吳⋯等）群聚一起批評時政，質疑回到祖國的懷抱。他們對於當時的台灣行政長官陳儀非常不滿，批評各種問題。例如：米糧問題，有些外省奸商將台灣人吃不夠的米糧運往上海，再從上海運私煙回來，藉此兩邊謀取暴利，卻使得台灣陷入經濟恐慌；失業問題，台灣人不會說「國語」（北京話），便被逐出公家機關，使得本地知識分子廣泛失業；特權與法律問題，如法院的工作，往往變成某些外省人家庭的私產，並使得法律審判不公；歧視問題，因為台灣人受過日本「奴化」教育，而不被國民政府信任。其次，對比日本文化之美，以及對台灣人的和善。影片藉由寬榮與小川靜子的淡淡情意，回憶起過去同為小學教師的美麗時光。影片表現了日本文化之美，這除了加強對比「祖國」的政治手段粗暴，也說明台灣人被迫割捨已經融入五十年的日本文化的情感。第三，以林文良（林文雄的弟弟）這個角色，暗示國民黨政權對台灣子弟兵的無情對待。林文良在日本時代曾在上海擔任翻譯兵，隨著中國抗戰成功而被遣返台灣，但不知受到何種迫害而發瘋。有趣的是，在醫院的一場戲，閃過幾個醫生與護士們認真嚴肅地朗誦「國語」的鏡頭：「頭痛、肚子痛、你哪裏痛啊」。除了再次說明不會「國語」將會失業的問題，也對照了林文良的發瘋抓狂與其妻傷心痛苦的鏡頭，暗示著台灣人有苦說不出的「心痛」。第四，藉由外省幫派與本省幫派的衝突，來說明經濟走私、法律不公、語言障礙以及台灣人處於各種不公平對待的處境。因為林文雄不願與外省幫派結合走私，便被秘密誣告曾在上海當兵的文良是漢奸，而使其弟被逮捕。一場林文雄為了救回文良的戲，透過複雜的翻譯過程而展開（台語—廣東話—上海話）。因語言的隔閡而無法溝通，表明了台灣與「祖國」的文化鴻溝。而且為何文雄不找法院申述呢？他曾憤怒地說：「法律他們在設的，隨在他們翻起翻落。咱們本島人最可憐，一下甚麼日本人，一下甚麼中國人。眾人吃，眾人騎，就沒人疼。」影片相當清楚地表現了台灣人的弱勢處境，以及為何產生祖國夢碎的心理。

這種祖國夢碎的心理，也由下列兩組精采的鏡頭銜接來清楚表現。一場寬容等知識分子們的聚會，一邊飲酒一邊批評時政。忽然酒樓外傳來〈流亡三部曲〉的歌聲，他們一時興起便打開窗戶合唱：「九一八，九一八，從那個悲慘的開始。……」窗外傳來遠方的雷聲；轉切至烏雲密布的天空，雷聲持續；寬美在醫院收拾衣服，雷聲不斷；雷聲轟轟的此刻，文良在病床流下眼淚。這四個精采的鏡頭銜接質疑了「祖國」真的對台灣好嗎？九一八事件是日本侵華的開始，台灣知識分子高唱〈流亡三部曲〉，顯示其心與

「祖國」聯繫在一起；但最後藉由雷聲（音畫蒙太奇）聯繫到發瘋的文良而流下的眼淚，便抗議了「祖國」竟是這樣對待自己的台灣子弟！難道台灣人幫日本人打仗是自願的嗎？

另一場知識分子的聚會，也點出祖國夢碎的問題。這由以下幾個鏡頭來組成：一群社會主義知識分子正高聲批判中國政府，林老師更要求台灣人民起來抵抗，房間裡擺放的是馬克思主義的書，暗示這些知識份子是當時的左翼共產地下黨青年；一旁的文清以書寫文字告訴寬美，唱盤正在撥放的是德國歌曲「蘿蕾萊」：傳說中大海的女妖，以歌聲迷惑（祖國美夢）水手墜船而亡；文清繼續告訴寬美，兒時曾學戲子唱戲，這時畫面轉切至一個濃妝豔抹唱京劇的小旦。這幾個鏡頭中的主要意象，分別是：批判「祖國」—「蘿蕾萊」的女妖—中國戲曲中的小旦。這三個鏡頭以蒙太奇的手法交叉剪接在一起，其間意象的轉折可以視為交叉指涉，隱約說明了二二八前後一些知識分子對祖國愛恨交雜的矛盾心態。

二二八事件的發生，使許多台灣人從認同「祖國」轉變成「我是台灣人」。影片以幼童林光明的搖搖晃晃的二歲身影，帶出時間已從一九四五年過度到一九四七年，再以林光明的哭泣，暗示即將有悲慘的事情發生。隨著畫面出現夜晚的漁港，配樂也加進憂慮的旋律。幼童的哭聲延續至一群士兵衝進林文雄家中說要「抓漢奸」，原來是本地流氓（金泉幫）與外省幫合作。這時二二八恰好也發生，鏡頭轉切至在電線桿上的廣播機器，陳儀透過廣播要求台灣人民冷靜，不要理會全島性的「暴動」。下個鏡頭轉切至醫院：一群外省人被本省人打傷而衝進醫院。這時文清與寬容正從台北搭火車，卻因動亂而在半路停駛。火車內，幾位本省的激進分子以日語與台語詢問耳聾的文清是哪裏人？這時影片藉由主角文清的口斷斷續續地說出「挖⋯細⋯⋯ㄉ灣郎」，以此間接暗示台灣人認同台灣的政治轉向。

從影片可以窺見當時一九四五年到一九五〇年台灣社會氛圍的一角，台灣人是如何從懷抱希望的喜迎祖國，卻在國民政府接收後的一年多來，因為治安更趨惡化，經濟衰退，物價飛漲，國民政府失敗的統治，讓台灣人開始產生對祖國夢碎的心理，進而產生了「我是台灣人」的自我認同；或者又如影片裡懷有浪漫革命理想的左翼知識份子，因為對國民政府不滿，最後向「紅色祖國」轉向，可以為了這個理想拋頭顱灑熱血，從寬榮曾說過的一段話便可以知道，他說：「不要告訴家裡，當我已死，我的人已屬於祖國美麗的將來。」或者又如林文清受脫所帶給正在山中躲藏的異議分子的口信，是一首充滿對祖國渴望的詩：「生離祖國 ／死歸祖國／死生天命／無想無念。」，從藍博洲先生所著的《幌馬車之歌》可知，這些左翼知識份子的角色原型便是白色恐怖受難者——基隆高中前校長鍾浩東。呈如該片編劇朱天文所主張，影片「只是反映創作者的眼裡所認為看到的那個時代，它永遠受限於作者本身的態度和主張」，我們不用期待從任何電影裡看到完全客觀和完整面貌的時代，但還是可以見到某種歷史面向。

參考資料：

＊ 林文淇，〈「回歸」、「祖國」、「二二八」：《悲情城市》中的台灣歷史與國家屬性〉，（《當代》第106期，頁94-109，1995.02）

＊陳儒修，〈二十年後重看《悲情城市》：聲音、影像、時間、空間〉，《凝望・時代：穿越悲情城市二十年》，頁356-360，台北：田園城市出版社，2011。

＊黃建宏，〈以單子碎片看《悲情城市》的文件化等待的零度時刻與無人稱記憶〉，《凝望・時代：穿越悲情城市二十年》，頁368-375，台北：田園城市出版社，2011。

＊林文淇，《華語電影中的國族寓言與國家認同》，台北市：國家電影資料館，2010。

＊鍾紀東，〈讓歷史不再有禁忌，讓人民不再有悲情——關於「悲情城市」的電影、歷史認同與人民記憶〉，《幌馬車之歌》，藍博洲著，頁137-165，台北：時報出版社，1995。

／一幅版畫的啟示——黃榮燦的《恐怖的檢查》到底畫甚麼？陳令洋／

圖像從來不等於真實，它只是真實的再現。這個道理或許大家都懂，但在實際上，當我們闡述一段歷史事件的時候，如果能秀出幾張圖片，還是會讓大家覺得，我們距離真實又靠近了一點點。人類畢竟是視覺性的動物，我們很多時候對於一個事件的記憶，都會在腦中濃縮為一個畫面——只有在需要釐清細節的時候，我們才試圖將它還原。但還原總是困難的，到頭來，我們還是只記得某一個視覺的印象而已。

如果談起二二八，首先浮現在我腦中的畫面，大概就是黃榮燦的版畫作品《恐怖的檢查——台灣二二八事件》（圖一）吧。或許很多人跟我有一樣的經驗，因為它是多數書籍要介紹二二八的時候，所必須援引的一張圖片。至少在我從小到大讀過的歷史課本中，只要談及二二八，就必然伴隨著這張圖片出現。由於緝菸事件發生的現場，來不及留下攝影照片，所以這幅版畫作品，便成了紀錄事件初始的重要圖像。而這幅版畫的作者黃榮燦（1920–1952）後來更死於台灣

▲（圖一）黃榮燦
《恐怖的檢查——台灣二二八事件》(1947)

五〇年代白色恐怖。他的生平，彷彿也成為一種台灣歷史的隱喻。這樣的人生際遇，讓他的這幅版畫作品幾乎得到了二二八事件的代言權。久而久之，我們很習慣將它視為歷史的佐證，而鮮少把它當作一個應當被研究的對象。我們也許該試著重新思考：黃榮燦到底怎麼用畫面描述二二八？他選擇了什麼？遺漏了什麼？強化了什麼？甚至，改造了什麼？

歷史不可回復，我們絕無可能知道當年的黃榮燦在作畫時的真實想法。但透過對畫面的重新理解，我們至少能夠從畫家所留下的具體線索，回頭對他創作的過程進行一點推測與還原。

在《恐怖的檢查》這幅畫中，黃榮燦所捕捉的，並不是二二八事件的一個瞬間，他採用的其實是古典繪畫中常見的『異時同圖』的方法，將二二八事件爆發的幾個過程，融入於一個圖像之中。我們大抵可以將畫面切割為三個部分。第一部分是前景，位在左下角，描述的是緝菸事件爆發的開端：緝菸員以槍托向下襲擊彎腰撿菸的婦人。為了讓觀者知道被襲擊的婦人是個寡婦，黃榮燦讓他背著一個孩子。這個年幼孩童伸手阻止的姿態，強化了緝菸員的殘酷無情。黃榮燦讓緝菸員以單調而黑暗的背影呈現在觀者面前，相反的，孩童的驚恐與婦人的絕望卻被明顯地刻畫出來。

第二個部分從畫面的中央位置，延伸到右下角婦人身旁的一具屍體。如果要附會史實的話，這具晦暗的屍體，應當是群眾激憤追打緝菸員的時候，意外被緝菸員傅學通開槍擊中的路人陳文溪。黃榮燦著重在描繪群眾遭到射擊，中彈倒地的過程。這個畫面大概跟歷史事實有兩個主要的落差。第一，緝菸員應當是在群眾的圍打之中倉皇逃離，誤擊群眾的那一槍，應當是在驚恐之下發射的。但是在這幅畫當中，緝菸員似乎非常冷靜，甚至帶著陰險的笑容對抗議的群眾開槍。第二，緝菸事件發生的當天，緝菸員只開槍打中陳文溪，後續的鎮壓活動，應該是二十八日事件擴大以後才發生的。但黃榮燦描繪的緝菸員卻能以一擋十，一槍接著一槍擊倒群眾。從這種史實與圖像的落差當中，我們便可以看出畫家特意強化緝菸員的邪惡，以及群眾受害的形象。

畫面的第三個部分則是在上方的卡車，車上載著四位持槍的查緝人員，冷酷地看著一切。黃榮燦特意描繪車輪滾動時所帶起的風塵，顯示他們正要離開。如果再進一步仔細看，我們會發現被黃榮燦刻劃為黑色的部分，大多位處於畫面邊緣。彷佛有一盞聚光燈將光線照向畫面的中心，讓我們一眼就看見手槍射擊、群眾倒地，以及受害的婦人與孩童。香菸散落的方式則不是很自然，現場彷佛有一陣怪風將所有的菸盒吹散，營造出一種山雨欲來風滿樓的氣氛。

而在整個畫面之中，最令人不解的，當屬畫面中心抗議群眾高舉雙手的模樣——這是表示投降的手勢嗎？如果群眾的態度是偏向恐懼，企圖投降，那麼為何他們會面對槍口，而不是作出反向逃離的姿態呢？但相反的，如果畫家要刻劃的群眾，是一群激憤與反抗人，那麼高舉的雙手又是什麼意思呢？日本的研究者橫地剛，曾將群眾高舉的雙手與畢卡索的繪畫《格爾尼卡》（圖二）進行比較。「格爾尼卡」是西班牙中北部的一個城鎮，在一九三七年西班牙內戰期間曾遭受到佛朗哥陣營請來的納粹空軍的地毯式轟炸，造成無數死傷。畢卡索透過一幅抽象畫，把格爾尼卡民眾的慘狀呈顯出來，其中畫面的右側也出現了一個高舉雙手、仰天呼叫的身影。橫地剛的這種比附似乎間接暗示這幅畫作多少受畢卡索的影響。不過，兩幅作品的媒材與表現方式實在差距太大，即便橫地剛舉出很多例子證明黃榮燦對於畢卡索有所認識，甚至崇敬，我們也很難憑此推斷黃榮燦是否有著傳承畢卡索的意圖。

我個人則認為，作者在這幅畫中，描繪群眾高舉著雙手，應當是要突顯他們反抗的姿態。而這種的畫法，在中國現代木刻版畫中，可以找到些許類似的案例。一九三〇年代，中國作家魯迅是木刻版畫運動的重要推手，我曾在翻閱他所收藏的木刻版畫圖錄中，看到幾套連環畫。畫家們藉由一段頗有故事性的情節，呈現勞苦大眾所受到的壓迫，以及他們的反抗過程。基於畫家們宣傳左翼思想的目的，這種故事往往都是有公式可循的，群眾奮起反抗的結果無論是成功或是失敗，背後所要傳達的訊息，仍然都是導向贊同民眾的革命。而其中的反抗群眾，有些便會以高舉雙手的姿態現身。不過，這種示意方式也不是中國畫家所獨有，

▲（圖二）畢卡索《格爾尼卡》（1937）

▼（圖四）
珂勒惠支《爆發》——
《農民戰爭》之5（1903）

▼（圖五）
珂勒惠支《暴動》（1899）

▼（圖六）
野夫在《水災》中突顯婦孺受到壓迫的畫面

▼（圖七）野夫在《水災》中描繪抗議群眾遭到攻擊的畫面

黃榮燦所景仰且曾經譯介過的俄國版畫家珂勒惠支（1867–1945），也曾在作品中以高舉雙手作為反抗群眾所擺出的姿勢（圖四）（圖五）。

事實上，如果多翻閱一九三〇年代的中國版畫，我們還會發現更多黃榮燦在敘事方式上，與中國現代木刻版畫的許多相似之處。舉例來說，在野夫於一九三〇年代所作的版畫作品《水災》，是以十九幅的連環畫講述一段水災災民到城市工作，遭到欺壓進而反抗的故事（圖六）（圖

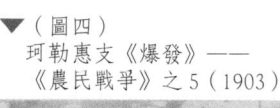

七）。這套圖的結尾，以群眾被鎮壓、有人死去作結，但他所要突顯的，仍然是民眾所遭到的壓迫，以及有權者的粗暴。其中，藉由婦孺受迫突顯人民所受的壓迫、民眾被鎮壓時所遭到的殘忍攻擊等等，在在讓人聯想到《恐怖的檢查》中的林江邁，以及查緝員手中向下敲擊的槍托。在此做這個連結，並不是要說黃榮燦有意學習野夫的這套圖。我想要說的是，在中國左翼版畫的風潮中，這種類型的故事屢見不鮮。黃榮燦只是用同樣的模式，說了一個屬於台灣的故事。但或許受限於報紙的篇幅，他沒有選擇用連環畫的方式呈現，而是將一個有順序的故事，融入於一個畫面之中——但受迫、反抗，最後受挫的敘事基本模式，仍然沒有改變。

正因為如此，我們在看這幅畫的時候，不能只是將它當成二二八事件的見證，而必須注意到它是一幅有既定觀點、符合某種敘事傳統的作品。對於二二八的理解與詮釋，自然還是有其不見。在其中我們可能看不到更深刻的、對於戰後初期的台灣社會氣氛的觀察，也看不到三月以後的腥風血雨，更不會看到二七部隊中台灣人英勇奮戰的模樣。當然，這並不是挑剔畫家的意思。畢竟在 14 X 18.3 公分的尺寸中，我們很難要求他在表現緝菸事件之外，還要說更細緻的故事。從事件發生到他在上海的《文匯報》發表此作，中間也只有兩個月的時間，對於二二八事件的本質，大概也還沒有誰能理解透徹。能夠，且願意做出這樣一幅架構完整、故事清晰、畫面生動的版畫，已經是相當地不容易了。

然而，我們作為一位後世之的觀者，仍然必須不斷提醒自己：圖像充滿力量，但也充斥著侷限。我們期望一個圖像能夠快速而強烈地吸引許多人的注目，但也期望大家對於一個事件的理解，不會僅只是一個圖像而已。

參考資料：

＊ 橫地剛著，陸平舟譯，《南天之虹——把二二八事件刻在版畫上的人》，台北：人間出版社，2002。
＊ 珂勒惠支作，嶺南美術出版社編輯，《珂勒惠支版畫集》，嶺南：嶺南美術社，1991。
＊ 上海魯迅紀念館、江蘇古籍出版社編，《版畫紀程：魯迅藏中國現代木刻全集》，上海：上海魯迅紀念館、江蘇：江蘇古籍出版社，1991。

／〈波茨坦科長〉來襲——「祖國」夢的幻滅　羅友維／

一、「祖國」來臨

「這個世紀裏，最偉大的事物也許要算是波茨坦宣言了。因為它是正當全世界十數億人在瘋狂地流血流淚參加爭鬥的時候，宣告出來的。

因為它，著實產生了好些東西，曰：波茨坦將軍，曰：菠茨坦政治家，還有波茨坦傳士、波茨坦教授、波茨坦暴發戶、波茨坦社長等等。而我們的波茨坦科長也正是其中之一。他的容貌聲色雖不無有異之處，而其為可喜可賀的歷史的產物，卻是無可置疑的。」

吳濁流在一九四七年十月完稿的〈波茨坦科長〉前言這樣寫道，當時的他是《台灣新生報》記者，剛經歷過二二八的血腥屠殺。一九四五年八月十五日昭和天皇的玉音放送，宣布日本無條件投降。九月二日進一步透過《降伏文書》表明願接受在七月二十六日美、中、英三國政府領袖共同署名、蘇聯後加入的《波茨坦宣言》條件。台灣正式脫離了五十年的殖民統治，當時人們認為將獲得解放、不平等的狀況也會消除，再也不用畏懼日本人，社會上普遍洋溢歡欣鼓舞的心情，豈料迎來的是一個更為可怕的「再殖民」政府。戰後台灣社會的流行語「狗去豬來」，就反映了民眾內心從期待到失望、不滿的心情。

吳濁流在這篇中篇小說中，以原為汪精衛政府的漢奸，充滿貪詭與投機性格的范漢智為主人翁。他被「接收」台灣工作吸引，腦中盡盤算的是「台灣，台灣是寶島，稻子兩熟，而且百種百收，又有鹽、樟腦、茶、香蕉、柑子、糖，唔，糖，還有糖，只要把糖運回國內就……」因此化名搖身變為重慶政府的接收人員，生動描寫國民黨在台灣的物資掠奪，台灣人從期待到失望的歷程。女主角玉蘭的角色，學者陳建忠認為投射的是台灣人對「祖國」的原罪心理，轉變為贖罪作用而無條件擁戴國民黨政府接收的渴望，也是戰後民眾從期待到幻滅的心理根源。當十月十六日中國軍隊從基隆登陸，再進入台北市區，人民以瘋狂的熱情迎接官員與軍隊，基隆碼頭、台北市街人潮洶湧、夾道歡迎。十月二十五日在台北公會堂的中國戰區台灣省受降典禮，爭睹盛況的民眾更是擠得水洩不通。文中就描繪了玉蘭與眾人在行政長官公署前與眾人迎接「祖國」軍隊的情景：

「隊伍連續的走了很久，每一位兵士都背上一把傘，玉蘭有點兒覺得詫異，但馬上抹去了這種感覺，她認為這是沒有看慣的緣故。有的挑著鐵鍋，食器或鋪蓋等。玉蘭在幼年時看見過台灣戲班換場所時的行列，剛好有那樣的感覺。她內心非常難受，可是有日人在旁的地方也不願示弱，那不是她的固執，而是血管裏面有種連自己也不解的自尊的血液在衝激著。正和夢寐以求的願望忽而實現的時候一樣，雖然所得到的外觀不是什麼好的，可是心裏總有說不出的滿足感，於是眼淚不知不覺地溢滿眼中。好像被人收養的孩子遇上生父生母一樣，縱然他的父母是個要飯的……」

小說中眾人你一言我一語的交談，討論「祖國」軍隊的軍容：「不，那傘子不是雨具呀，那也是武器的一種呀，可是雨來時也可以用一下，主要是戰場中由高地跳下來的時候用的呀！……平常腳踝上掛著很重的鐵環走路，所以必要的時候取下鐵環，二丈三丈的溝渠不用說，五六丈高的城牆也一躍就可以上去的。」以士兵一定練過輕功才能打敗日本軍隊來解釋，讓玉蘭也心想八年抗戰是靠嚴格訓練才能得到最後的勝利。另一方面，又以玉蘭崇尚「祖國」，積極的學習「國語」，服裝、習氣都模仿中國人，對范漢智的憧憬走向婚姻結合暗喻中國與台灣間的關係。迎接祖國如同擁抱新的愛情，透過女主角在婚戀過程中的高度熱情，到察覺丈夫的貪婪面目與粗鄙不文，感到苦悶進而覺醒，瞭解到兩邊現代性差異與文化的衝突，象徵台灣人自我覺醒的心理轉折，進而批判國民黨政府對台灣的「劫收」統治。

二、接收變「劫收」

當時，戰後接收的混亂現象，小說中有如下的描寫：「范漢智有科長的頭銜，所以接收了很大的日產房子。當時為接收日產展開過激烈的爭奪戰。有機關和機關的衝突，機關和老百姓，或老百姓和老百姓的爭端，天天都有。有的利用流氓，有的假借軍人或日本人串通來一個假買賣。智力、財力、權力、暴力、凡有力的都睜紅了血眼在找尋日產。」甚至，文中出現南部鄉下有中國男子四人合股出結婚費，湊錢向台灣女子婚聘，組「公司家庭」這種荒謬行徑。

台灣在八月十五日從日本投降，到十月五日前進指揮所葛敬恩中將率員抵台，曾出現五十天的「政治真空時期」，因日治時期已培養出來的法治精神，各地許多地方領袖和知識青年，自動自發組織治安維持會或青年團體，在各街庄維持地方治安和秩序，公家物資免於被盜、水電能正常供應、鐵公路運作順暢，日常生活依然如昔。當時參與接收工作的憲兵第四團團長高維民，在〈台灣光復初時的軍紀〉目睹台灣人民守法有序的良好風氣，這樣述道：

> 二十五日接收以前，我便裝到台北各地走過，發現這個地方秩序井然，現象真好，並從新職人士中得知「夜不閉戶，路不拾遺」。商店定價後不作興討價還價，店東可說是童叟無欺，對每個人都很和藹、誠實。風氣太好了，我非常感動。

行政長官陳儀在初抵台灣接收，就在廣播電台向台灣人宣傳「公務人員有三件事是不做的－不偷懶、不欺騙、不揩油」，民眾聽不懂「不揩油」是什麼意思，後來才恍然大悟「祖國」官場的貪污、收紅包文化。在接收後的兩年間，在掠奪式的統制經濟、官員貪污、軍紀敗壞下，政治、經濟、社會各方面狀況嚴重惡化。一班官員如范漢智在小說中對新婚妻子玉蘭所言：「玉蘭，台灣真是好地方，由重慶只穿一領西裝，不久就可以做百萬富翁，或千萬長者，真好。」生動的反應了一些接收官員的掠奪嘴臉。范漢智日夜投入盜賣、走私、偷運的勾當，勾結不肖本地人盜伐山林，還誇言：「在金錢之前是沒有道德的。」但他以往的功勳資歷，逮捕他的搜索隊長竟也難以置信，在小說結尾甚至產生：「四萬萬五千萬，怎麼會有這麼多漢奸和貪官污吏呢」的錯覺。

中國記者唐賢龍在二二八事件後不久，在南京出版的《台灣事變內幕記》一書中就痛陳台灣的惡況：

自從國內的很多人員接管以後，便搶的搶、偷的偷、賣的賣、轉移的轉移、走私的走私，把在國內「劫收」時那一套毛病，通通都搬到台灣，……台灣在日本統制時代，本來確已進入「路不拾遺，夜不閉戶」的法治境界，但自「劫收」官光顧台灣以後，台灣便彷彿一池澄清的秋水忽然讓無數個巨大的石子，給擾亂得混沌不清。

當時，台灣的惡化狀況，讓人民最不能忍受的就是官場的貪污腐化，民間把「接收」稱為「劫收」，譏諷來台接收官員個個「五子登科」，到了「光復區」專門接收金條、洋房、汽車、小妾和高位。貪污腐敗的風氣，讓台灣人開了眼界。大大小小的貪污新聞在一九四六年屢見不鮮，光是一月底到二月上旬的《民報》所刊載的消息，就有六件之多，平均是兩天一件。專賣局長任維鈞的貪污案，更誇列鴉片被白蟻吃掉七十餘公斤，令會計人員為之愕然。二二八事件的隔月，香港有筆名史堅投書撰文〈台灣的災難〉，描寫當時國民黨接收後對台灣人的歧視與惡行惡狀。

不幸的是，我們的「接收」官員們都是一群帶有強烈掠奪性的親戚同鄉等關係結合成的封建集團，他們以「新征服者」的姿態出現，用元朝對待南人一樣的態度，對待台灣同胞。他們又從內地帶來「執法者違法」的精神，營私舞弊，劫收中飽，腐蝕台灣的政治經濟。同時更受獨裁和內戰影響，徵糧徵食徵兵，接二連三加重台灣同胞的負擔，台灣人民查覺到他們所歡迎的人，很快便踐踏到他們的頭上，使他們透不過氣來（圖一）。

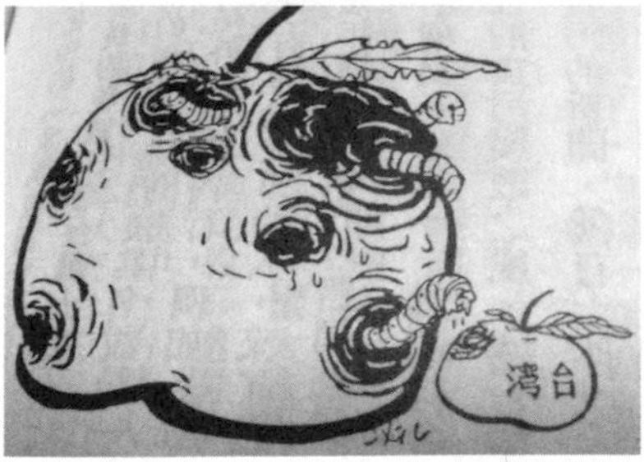

▲（圖一）
1947 年 3 月，上海《時與文》週刊刊登的漫畫

三、悲劇性的幻滅

台灣人民在終戰接收後面對的時局是：政風腐敗、特權橫行、經濟壟斷、生產大降、米糧短缺、物價暴漲、失業激增、軍紀敗壞、盜賊猖獗、治安惡化等問題。經過一年半的掠奪式統治，台灣社會倒退三、四十年，連天花、鼠疫、霍亂等傳染病都回來了。如壓力鍋般的民怨沸騰下，一九四七年二月二十七日台北大稻埕天馬茶房一名賣私菸的婦人林江邁遭查緝員打傷，引起圍觀群眾不滿造成傷亡。而小說中范漢智因漢奸罪被逮捕時，也正發生政府人員搶去菸販四散逃走後留下的菸與錢，統制經濟的專賣制度與民爭利，又縱容官商勾結中飽私囊，緝菸血案像壓垮駱駝的最後一根稻草，最終爆發了全島抗爭蜂起的二二八事件。

一九四七年三月八日晚，二十一師從基隆登陸，展開長達一個月的綏靖與清鄉的

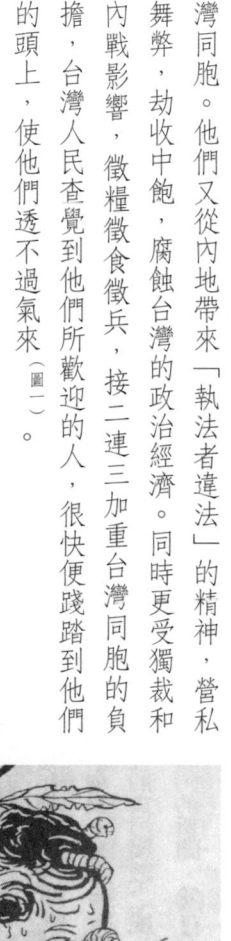

軍事鎮壓，對本土菁英的特意整肅，使得國民黨接收台灣後的腐敗與殘暴統治，以及二二八事件中的濫殺無辜變為噤聲的話語，共產黨與陰謀者所挑起的人民暴亂行為，成為官方宣傳的唯一版本。但即使在一九四九年五月二十日台灣進入長期戒嚴、肅殺的政治氛圍下，吳濁流仍然在六〇年代，事件二十周年前夕勇敢寫下半生自傳《無花果》，記述了他在二二八前後的所見所聞，揭露當時國民黨統治的高壓貪腐、對台灣人的歧視甚於日本殖民者、台灣人對「祖國」的徹底失望，最終才導致二二八事件的爆發，之後再寫下作為歷史見證的最後作品《台灣連翹》，以自身角度寫下二二八的「內情」。我想透過小說的情節描繪、作者自身經驗的陳述，當可做為後世思考台灣未來前途時，重要的殷鑑教訓。

參考資料：

＊ 李筱峰著，《解讀二二八》，台北：玉山社，1998。
＊ 李筱峰編著，《唐山看台灣：228 事件前後中國知識分子的見證》，台北：日創社文化，2006。
＊ 李筱峰、林呈蓉著，《台灣史》，台北：華立圖書，2008。
＊ 李筱峰著，《台灣史 101 問》，台北：玉山社，2013。
＊ 吳濁流著、鍾肇政譯，《台灣連翹—台灣歷史的見證》，台北：前衛出版，1994。
＊ 吳濁流著，《無花果—台灣七十年的回想》，台北：前衛出版，1988。
＊ 吳濁流著、彭瑞金編，《吳濁流集》，台北：前衛出版，2000。
＊ 張恆豪編選，《臺灣現當代作家研究資料彙編 02 吳濁流》，台南：國立臺灣文學館出版，2011。
＊ 陳芳明著，《台灣新文學史》，台北：聯經出版，2011。
＊ 彭瑞金著，《台灣文學 50 家》，台北：玉山社，2005。
＊ 薛化元編著，《台灣地位關係文書》，台北：日創社文化，2007。

四

抵抗遺忘

／歷史教科書中的二二八面貌

王順仁／

教育向來是國家進行社會規訓時不可或缺的手段，二十世紀法國哲學家傅柯（Michel Foucault）曾言：「知識即權力」，意味著誰掌握權力，誰就掌控知識的生產。教育社會學中的衝突理論派（Conflict theory）學者如艾波（Apple）、批判教育學家如吉魯（Giroux）等人，都同意教育過程中意識形態的不可去除，認為所謂教育不過是統治者意識形態的再製與傳承，目的是內化學生成為相同的模型。以葛蘭西（Gramsci）的文化霸權（Cultural hegemony）理論考察教育規訓思想的歷程，也將發現這是一套統治者透過支配文化解釋權，進而強縮多元至單一的過程。由於上述學者認為教育和階級再製間的關聯難以切割，陸續雖有其他學派的教育學家提出觀點辯駁，例如一九八〇年代開始興起強調挑戰複製過程的「抵制理論」（Resistance theory）和批判教學等概念，不過意識形態和特定價值觀在廣義的教育過程中仍然是難以避免的因素，大概是教育學者們已經普遍取得的共識。

若我們同意教育是傳遞世代價值觀的重要管道，那麼歷史教育涉及到我們如何透過認識過去，尋求對未來共同的想像，並從事建構集體記憶的工程，想當然爾，歷史教科書必將成為官方所戮力競逐的場域。本文在前面以施正鋒老師〈歷史教育、轉型正義及民族認同〉一文中的觀點為基礎，概略討論了教科書乃是反應統治者意識形態之產物後，將針對歷來二二八事件在國中歷史教科書中書寫的歷程遞嬗作一整理，並試圖勾勒出教科書對於二二八面貌建構的進展，最後提出一些不足之處與展望。

一、解嚴之前

（一）國民政府遷台之初

國民政府自一九四九年敗逃台灣之後，首先遵循三不原則：「行政不中斷、工廠不停工、學校不停課」，一面持續準備接收工作，一面推動政務。而在教育上最要緊的目標就是將日本皇民化的遺毒消除，代之以復興中華文化為基本守則，著手進行教育改革。一九五二年（民國四十一年）「初中歷史」教科書（全六冊）(圖一)，在最後一冊的第六章「抗戰勝利後的中國」中才首次提到台灣：「……共產黨持續進攻，大陸各地相繼淪陷。中樞由南京撤退廣州再遷重慶，最後遷都於台灣臺北。……，以陳誠繼任行政院院長，勵精圖治，立謀規復大陸，於是台灣成為反共抗俄的基地。……，美總統杜魯門宣布調遣海陸空軍援助南韓，美國朝野人士，於是多數認識台灣在遠東防共防俄地位之重要。」在課後習題也有如是記載：「（請回答）台灣怎樣成為復興基地？」

▲圖一

從上述課本內容我們可以發現，在遷台之初，歷史課本中的記載將台灣工具化的傾向——其中並未隻字提及台灣島上的人民、文化、風土和景色……，更別提二二八事件、三月屠殺和清鄉……，這些從來都不是當時歷史教育所關注的議題。在台灣島上犧牲的生命對於蔣氏政權而言完全不屑一顧，他們僅僅將台灣視為反攻大陸的復興基地，而歷史教育目的是為灌輸戰鬥思想，培養反攻防共、光復大陸的小小愛國軍人，所有不堪的歷史真相，在當時看來更遠大的復國大業上都得陪葬，此時歷史教育淪為操作仇恨和對立的手段可見一斑。

（二）一九八〇年代

三十年後，一九八一年（民國七十年）發行的《國民中學歷史教科書》第三冊廿六章第三節中「台灣的建設和反共復國的準備」（圖二）（圖三），承續台灣「光復」、建設台灣以反攻大陸回歸祖國懷抱的論調，歌頌蔣中正偉大的領導，並將台灣成功地塑造成三民主義的模範省。相較遷台之初完全忽略台灣本島上的景況，此時雖已將這卅年間的經濟方面的改革、農工業和交通建設的開展、教育文化水準的提升……納入討論，不過究其實，種種誇大其詞的敘述，不過是想重申反攻大業的完成進度，臺北僅作為一臨時首都，「我們反共復國的決策永不改變，基本的立場絕不動搖，這也就是海內外軍民同胞齊心力赴的總目標。……，精誠團結，矢勤矢勇，反共復國大業必能成功。」

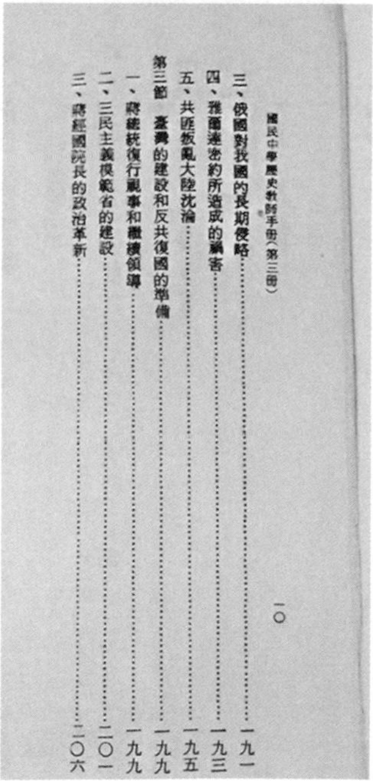

國民中學歷史教師手冊(第三冊)

三、俄國對我國的長期侵略……一九一
四、雅爾達密約所造成的禍害……一九三
五、共匪叛亂大陸沈淪……一九五
第三節　臺灣的建設和反共復國的準備
一、蔣總統復行視事和繼續領導……一九九
二、三民主義模範省的建設……二〇一
三、蔣經國院長的政治革新……二〇六

一〇

▲▼（圖二）（圖三）

一九八六年（民七十五）發行的《國民中學歷史教科書》中則將台灣單獨成章，出現在第廿八章「民族復興基地的成就與展望」。不過除了篇幅的增多外，強調「三民主義統一中國」的老生常談框架，依舊綁架了此時所有歷史敘述的其他可能性與發展。此時歷史教育訴求的價值觀毫無疑問仍是大中國主義的模型，炎黃子孫是當時所有人心嚮往之的身分認同，同仇敵愾的對日抗戰史觀更是形塑我群為中華民族的重要工具。由上述可知，在戒嚴時間，國立編譯館尚全面掌控教科書的編寫與印刷之時，二二八事件、白色恐怖和黨外運動……等主題仍然完全噤聲於此時的教育體系，空白而斷裂的記憶，彷彿台灣人所經歷過的傷痕只存在於另一個平行世界裡。

二、解嚴之後

（一）末代國立編譯館的兩種面貌

解嚴之後，一九九四年（民國八十三年）十月教育部修正發布〈國民中學歷史課程標準〉和〈國民中學認識台灣（社會、地理、歷史篇）課程標準〉（圖四）（圖五），兩者皆由國立編譯館負責編撰，卻呈現出兩種不同的論述基調。前者仍然只將和台灣有關的篇幅限縮在最後一章「戰後中國」的「中華民國在台灣的發展」一節。其中內容雖和解嚴之前工具性地視台灣為反攻基地的論調有明顯區別，惟從篇章和篇幅的安排上依舊可見中、台一體的想法，並且進而試圖凸顯中華民國政權的合法與合理性。

《認識台灣（歷史篇）》則標誌著首次將台灣史獨立成冊的進步，大幅增加了台灣史在國中教育裡的比重，也是台灣的歷史教育中首次嘗試解釋二二八事件的開始。一九九八年（民國八十七年）所出版的《認識台灣（歷史篇）》已經對二二八事件有如是描述：「三月八日，憲兵團二營抵達基隆港。三月九日，國軍二十一師抵達基

▲（圖四）

▲（圖五）

隆港。同日，宣布戒嚴，軍警展開搜捕及鎮壓行動，包括不少社會精英、民意代表、學生、民眾遭到槍決，逮捕下獄或失蹤，全台充滿肅殺氣氛，人心自危。三月十日，陳儀下令解散『二二八事件處理委員會』。三月十四日，台灣警備司令部宣布事變平定，接著國防部長白崇禧代表蔣介石來台宣撫。」在《認識台灣（社會篇）》也有針對二二八事件做出制度、經濟、文化和政治參與等等面向的分析，描述的架構和現今課本相去不遠。這是二二八事件首次見載於歷史課本，雖不完善，卻是台灣試圖向這段被遺忘近半世紀的歷史跨出新一步嘗試的開始，更是台灣學生首次得以面對台灣過去苦難創傷的分水嶺。

（二）九年一貫後

二〇〇二年九年一貫課程正式上路（圖六），《認識台灣》的階段性任務也告一段落。在這時期的課本當中，台灣主體意識的展現已經是很明顯的趨勢。二〇一〇年以後的各版本國中社會課本已經取得共識的課程範圍包括：「二二八事件處理委員會」（有些版本也提到王添灯草擬處委會處理大綱一事）（圖七）、「清鄉」（圖八）（國軍鎮壓路線圖幾乎可見於各版本）等議題，而且篇幅至少兩頁以上，包括背景、經過與影響都有所著墨。而隨後的戒嚴體制、白色恐怖、黨外運動……，也是各版本課程中必然會處理的部分。

至此，二二八事件再也不是不能說的秘密，惟有些版本的教科書在論述文化方面的因素時，仍將二二八事件框架於「省籍」之間的隔閡與誤解（例如康軒二〇一三年二月

▼（圖七）

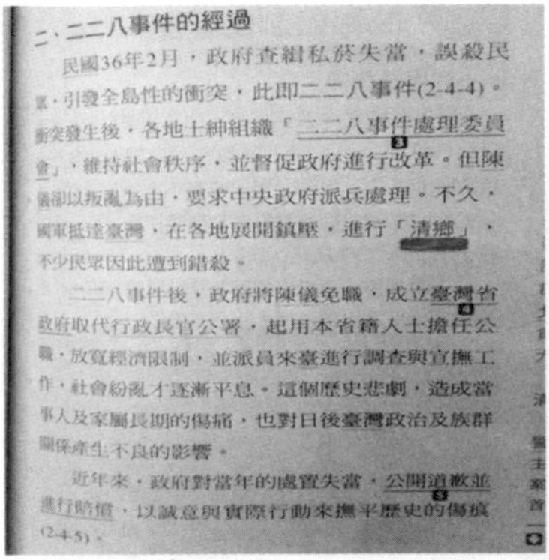

二、二二八事件的經過

民國36年2月，政府查緝私菸失當，誤殺民眾，引發全島性的衝突，此即二二八事件(2-4-4)。衝突發生後，各地士紳組織「二二八事件處理委員會」，維持社會秩序，並督促政府進行改革。但陳儀卻以叛亂為由，要求中央政府派兵處理。不久，國軍抵達臺灣，在各地展開鎮壓，進行「清鄉」，不少民眾因此遭到錯殺。

二二八事件後，政府將陳儀免職，成立臺灣省政府取代行政長官公署，起用本省籍人士擔任公職，放寬經濟限制，並派員來臺進行調查與宣撫工作，社會紛亂才逐漸平息。這個歷史悲劇，造成當事人及家屬長期的傷痛，也對日後臺灣政治及族群關係產生不良的影響。

近年來，政府對當年的處置失當，公開道歉並進行賠償，以誠意與實際行動來撫平歷史的傷痕(2-4-5)。

▼圖六

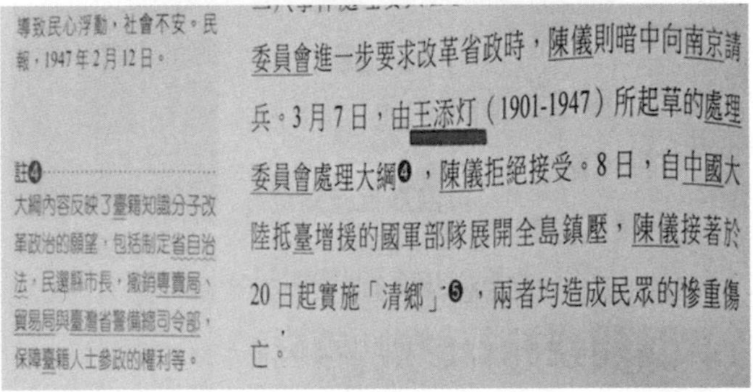

導致民心浮動，社會不安。民報，1947年2月12日。

委員會進一步要求改革省政時，陳儀則暗中向南京請兵。3月7日，由王添灯（1901-1947）所起草的處理委員會處理大綱❹，陳儀拒絕接受。8日，自中國大陸抵臺增援的國軍部隊展開全島鎮壓，陳儀接著於20日起實施「清鄉」❺，兩者均造成民眾的慘重傷亡。

註❹

大綱內容反映了臺籍知識分子改革政治的願望，包括制定省自治法，民選縣市長，撤銷專賣局、貿易局與臺灣省警備總司令部，保障臺籍人士參政的權利等。

▲（圖八）

出版的國中社會課本），這並不符合史學界近二十年來對二二八事件結構原因的敘述。史學界近二十年的研究成果早已指出二二八事件下的加害者和被害者，其劃分的界限並非和省籍重疊，而是握有權利與否——掌握權力的集團（多數的外省人，還有少部分的半山）整肅屠殺沒有權力的群體（多數是本省人，亦有少部分的外省人）——可以清楚發現兩者之間外省與本省族群都有，截然以省籍做為二分法並不恰當。其他細節在此不詳加敘述，但仍從此處可以呼應到本文首段，談到歷史知識建構的話語權往往掌握在統治者手上的命題：中華民國政府在解嚴初期，掌握了論述轉型的關鍵時刻，將二二八事件模糊為省籍衝突，以致往後一談論轉型正義，便被認為是挑起社會緊張感、撕裂族群的行為，實則歷史課本中的這些迷思都還有修改的空間。

台灣所有走過的這些崎嶇坎坷的血淚，事實上從未離我們遙遠，這些最黑暗的過去都曾是我們先輩真實踏過的路。然而這些人名和事件除了極少部分為歷史課本所載，絕大部分都被掃入了歷史的垃圾堆中。諸如二二八事件發生時奮命保護台南人的湯德章，還有陳澄波、黃朝生、黃媽典……不及備載的台籍精英，皆被國民政府視為眼中釘而無來由的進行逮捕狙殺；白色恐怖時期，發生在今台大和師大校園內的四六事件、號稱外省人二二八的澎湖七一三事件、高一生和湯守仁等疾呼原住民自治的原住民精英、象徵台灣黨外獨立運動先聲的蘇東啟案，以及為爭取言論自由、台灣獨立和二二八事件平反奔走，最後以自焚對國民政府做出最沈痛控訴的鄭南榕……，這些台灣這塊土地上最真實悲痛的聲音，仍多數禁絕於現在的歷史課本中。上述舉出幾例筆者認為不該缺席於歷史教育中的二二八與白色恐怖事件，有朝一日當我們有辦法更加坦然面對，並真正下定決心好好處理這些傷時，和解共生的那一天才有到來的可能。

三、結論

在國民政府遷台之初到一九九〇年代，有關台灣的歷史書寫僅穿插在中國史的篇幅裡，散見於明末清初、甲午戰爭、反攻復國的建設基地等主題當中。這樣的史觀完全以中國的視角書寫台灣，台灣史全面地成為中國史的附庸，並單單只為國民政府的利益所服務。在戒嚴時期的台灣，對於二二八事件更是避之唯恐不及，統治者並不願意讓人民有機會了解那段晦暗又充滿愴痛的歷史。長期被剝奪自覺為台灣民族的認同，加之以中華文化教育霸權的宰制下，根深柢固的中華民族史觀被官方透過各種方法虛構建立了起來，在當時像驅之不散的陰霾般籠罩著台灣。

情況一直到解嚴之後才逐漸轉變，一九九四年認識台灣（歷史篇）標誌著國中教育裡台灣史的獨立地位；二〇〇四年杜正勝任教育部長時，公佈的高中課程綱要中完全將台灣史和中國史切分清楚。這兩個在國中和高中歷史課程發展上的重要轉變，代表著台灣主體意識的展現和進步。我們大概很難想像首批得以在歷史課本中一窺二二八面貌的學生們心中的震撼，因為現在我們談論這些事情如同呼吸一樣自然，但他們曾經完全被壓抑在一個封閉黑暗的處境當中。二二八事件和之後的清鄉、三月屠殺、黨外運動等等，在經歷半個世紀漫長的歲月後首次登上了歷史課本的舞台，過去被打壓以致不見天日的台灣真實過去，才慢慢得以重見光明，這是經過許多人共同努力的過程和成果，絕非一蹴可幾。

最後要體認到的是，雖然所有知識都是被建構起來的，但我們對於歷史的想像不該貧乏地只停留在重建（reconstruct）更真實的過去而已，更應該基於當前社會的需要，不斷向過去提問（inquire）以探索和建立自己的史觀，進而消除文化霸權和開鑿一條未來真正公義的路。回顧了那段被迫空白的集體失憶時期，我們得更了解這些成果的得來不易，也重新反省我們有繼續向前的使命和責任。這仍是一條未竟的漫漫長路，也是台灣人共同的百年追求，我們還有路要走，但我們也正在路上了，共勉之。

參考資料：

＊ 施正鋒，〈歷史教育、轉型正義及民族認同〉，《台灣國際研究季刊》第十卷第四期，頁1–25。

＊ 王日吟，《台灣意識與歷史教育的變遷（1994–2011）》，臺中：國立中興大學，2011。

＊ John Slater，吳雅婷、涂麗娟、蔣與儀等譯（2001），〈歷史教學中的權力競逐——一門悖離人性的學科？〉，《東吳歷史學報》第七期，頁173–198。

＊ 陳木城，〈台灣地區教科書發展的回顧與前瞻〉，《教科書制度研討會資料集》，台北：中華民國教材研究發展學會，民國八十九年出版，頁104–116。

從課綱爭議談歷史記憶

姜伯勳

在二〇一五年的夏天，新聞總是不停播報課綱爭議的相關新聞，從七月十三日的國教署陳抗，二十三日學生進入部長室，三十日北區高校發言人林冠華自殺身亡；當日晚上，反課綱學生與民眾先後進入立法院前廣場與教育部廣場進行抗爭，直至三十一日清晨，抗議的學生與群眾仍在廣場不願散去，就這麼展開了為期七天的佔領行動。

在如此長的一段時間當中，我們看見了一個政府是如何的黑箱，違反程序正義，罔顧民意，也看到課綱微調前後的差異，但問題真的就只是如此而已嗎？我想，也就是因為爆發了這一次的課綱爭議，我們才能藉此進行反思，重新思考歷史記憶的問題，以及近日不斷的在報章雜誌中所被提到的「轉型正義」與歷史記憶的關係。

一個威權國家在走向民主時，必然面臨到轉型正義這樣複雜艱難的課題，在台灣，轉型正義從來就不是民眾所在乎、關心的議題，但我們能因此而將其忽略嗎？是否就可以這麼遺忘過去的歷史，迎向未來？是否就能這樣達成和解？為了民主化的扎根，也為了讓未來不再發生同樣的悲劇，轉型正義是很重要的一項「政治工程」。在談原諒以前，勢必需要先把真相調查清楚，再進行相關究責，以追求正義。但這樣的過程是相當的殘酷，南非「真相和解委員會」的主席圖屠主教，曾以樂觀卻保留的語氣這樣說：「真正的和解必須暴露可怕、濫用、痛苦、作賤和真相。揭露真相有時候可能讓情況更惡化。

這是一個具有風險的行動。可是從結果看來，它是值得的。因為揭露真相有助於受害者的痊癒。……而如果加害者能終於認知自己的錯誤，那麼或許就有懺悔，或至少悔過或難過的希望。……我們也希望受害者可能因加害者的道歉而原諒他們的罪行。」是的，選擇面對真相固然有風險，但也只有去面對它，才有釋懷的可能。

那麼如果我們今天是選擇以「集體失憶」的方式來面對呢？那只是屬於第三者的自私自利，對於被害人與加害人而言，則是百害而無一利。那一段歷史若是遭人隱藏，沒有真相，便無法使被害者所受的心理或物質傷害，得到治癒或賠償；對於加害者而言，每日都必須要承受龐大的心理壓力，面對自我在良心上的譴責。但在台灣，每每提到相關的話題，便淪落為某些政客的政治資本，屢屢指控這是在撕裂台灣社會的和諧，或許台灣現在還是維持和諧的表象，但是歷史的悲劇與仇恨是不會就這麼隨著時間的流逝而消失，反而是會如滾雪球一般越滾越大，愈發不可收拾，因此越早完成這樣的工程，對於一個社會才是最好的選擇。

大部分的人，是如何去記憶歷史呢？大部分皆是透過學校的課程與教科書。歷史教育的意義是認識過去，思索未來，並建立集體認同，但我們卻也要思考，這樣的集體認同形塑，在多元族群的台灣社會，是否能兼顧到所有族群？每個人的背景不盡相同，對於同一歷史事件的觀點也因此有所差異，以台灣在二戰終戰後由國民政府接收一事為例，在前來接收的外省族群眼裡，對日本可謂恨之入骨，因此對當時皇民化的台灣人，總是投以訕笑、歧視的眼光；可是對於台灣人而言，自己是一群被割捨的人，當時也是百般的不願意，甚至是起身反抗，仍然無力回天，如今要背負這樣的罵名，情何以堪？

【結論】重新建構歷史記憶，以二二八事件為起點

如同上述，台灣是個多元族群共有的社會，而每一個族群所擁有的歷史記憶並不相同，要如何去構築呢？必須防範政客有心操作藉此撈取政治利益，每當提起二二八事件，總會引來「撕裂族群」的指控，雙方互不相讓的情況下，只要其中一方掌握了對歷史的詮釋權，便毫不忌諱以自身所認同的史觀加諸於他人身上，另一方則全力反抗，日積月累下只會加深世代隔閡與衝突；與之相比，轉型正義所要面對的苦難，或許並沒有如此巨大，因為轉型正義的路上即使痛苦，卻總有重見天日的一天。坦然面對真相，方能和解共生。

參考資料：

＊ 吳乃德，〈轉型正義和歷史記憶：台灣民主化的未竟之業〉，《思想》，第 2 期（2006 年），頁 1–34。

＊ 施正鋒，〈歷史教育、轉型正義及民族認同〉，《台灣國際研究季刊》，第十卷第四期，頁 1–25。

／二二八中的媒體　徐祥弼／

二二八事件，為什麼叫做二二八呢？

《大公報》記者周雨，在一九四七年三月十二日一篇名為「台灣事件」的專文中指出，「台灣事件雖被稱為『二·二八事件』，但暴動之始卻在二月二十七日」；而沈引青在一九四七年三月八日的《益世報》裡也同樣寫到「二月二十七日晚上八時許，台省專賣局查緝員及員警大隊約有十餘人，持卡車到本市商業最繁榮的延平路（太平町）天馬飯店附近，開始查緝私菸小販，其時查緝員聲勢洶洶，如豺似虎……」。

既然如此，我們不禁要問：明明天馬茶房緝菸事件發生在一九四七年二月二十七日傍晚，那為什麼後來會使用「二二八」作為記憶的依據，而不是「二二七」呢？

一位署名「路人」的投稿人，在一九四七年五月出版的那期《新聞天地》裡提出一種說法：「二、二八，橫豎拚（原誤）起來，是個共字，但二、二八不是共產黨所領演的……」。姑且不論此種說法是陰謀論，抑或真是史實，至少它提供了我們另一種觀點，即從當時的人和傳媒的角度重新回顧，再審視和再發現二二八不同的面貌。

【廣播】

二二八事件發生後，台灣人民第一手，也最快速可以得知消息的方式，就是廣播。日治時期，由總督府有計畫性的設置此種「將對社會產生巨大的影響」的強勢媒體，而他們確實成功了——終戰後的台灣估計至少有十萬戶左右的收聽戶，再加上總督府特地設置的公共空間的收音機，在訊息、政策的傳遞上更是無往不利，因此也在當時人們的生活中占了相當程度的地位。二二八事件後，群眾會選擇「佔領」電台做為發聲的單位，做為其傳遞訊息的重要工具，也多少是受這個原因的影響。

廣播在台灣史上，除了日本天皇宣布戰敗的玉音放送之外，陳儀政府來台後也承繼此一方式，藉廣播以傳達政府要事。最有名的插曲，即為他初抵台灣時向全台人民發表的公告：「公務員有三件事是不該做的：不偷懶、不欺騙、不揩油。」原本是想向這些「被光復」的人民宣揚「祖國」的清廉與真誠，可是，諷刺的是，台灣人民對於「不揩油」這個詞完全沒有概念，多方打聽之後才知道這原來「不揩油」不是一種醬油或葵花油之類的民生物資，而是「不收紅包、不貪污」的清廉文宣。

位在當時新公園（現在的二二八和平紀念公園）內的台北廣播電台，在事件中扮演了極為重要的角色。事發後隔天，二十八號下午，一群人闖進了電台，為首的省諮議員王添灯，藉著廣播向所有收聽的民眾揭露國民政府來台後的腐敗情形，與「二二八事件」的來龍去脈。

電台除了有訊息傳遞的功能，更是個澄清的即時管道，如林忠的回憶：「事件（發生）後台灣新生報停刊，主要消息都得靠電台傳達，在這段時間封閉的時期，有很多謠言產生，譬如說自來水廠被下毒，喝水發生了問題，我們也快去請教自來水廠，他們說沒這回事，一切正常，我們就趕快播音讓全省民眾知道，水質並沒有問題，可以安心飲用。又如台北打死了很多人，台北的水溝都是血之類的傳聞，其實也沒這回事。」事件過後的電台，還會適時穿插放送日本軍歌〈台灣軍之歌〉、〈軍艦進行曲〉、〈鄉土部隊勇士的來信〉，激起那些曾去海外作戰的人的回憶。激起這些人的情緒，進而達成收音機在二二八中發揮的另一個極度重要的功用——募集、動員志願的民兵、學生一同起來維護秩序、保衛民眾，尤其是曾經參加過日本志願役的軍人。

因此有人形容這種廣播的用處，「彷彿向各兵種、各戰區的復員軍人軍屬，再度下達召集令」。

聚在收音機前的民眾所聽到的，也多是用日語說的「00 部隊請到 00 地點集合」，還有閩南語的「台灣人啊！現在一定要流血了，咱竹刀接菜刀也要跟他打」……各種台灣人民熟悉的語言。也由於多是佔領的台灣人在播音，所以或多或少造成了一定的影響。

而除了台北，台中、嘉義兩地的電台也發揮了相同的指揮功能。嘉義廣播電台是當時台灣播放功率最大的，因此發號司令、指揮兵力的能力更強，最遠距離甚至可達廈門，在此事件裡產生推波助瀾的效用；例如台籍日本兵林阿和回憶在廈門候船時的那段經驗時說到：「從收音機的播放聽到台灣發生二二八的消息，例如播送學生佔領某地方，要到某某地方集合……等等」。由於這個電台是日本在戰時設立的，目的是為了加強對南洋的控制及宣傳，於是利用了嘉南平原在地勢上利於電波發送的優勢，甚至連台北與高雄的戰鬥、召募兵的消息，都是透過這座電台對外放送的。

如果要選一項現代物，做為這場戰鬥中最舉足輕重的物品，那麼「廣播」絕對當之無愧。

【報紙】

報紙是一項能報導及評論當時社會上大小事件的媒體，多反映了當時人民輿論所趨，或者官方意見，在某種程度上詳實保留當時社會的樣貌，在二二八事件上更是如此。

台灣在被國民政府接管的初期，報業呈現一派繁榮的景象。由於當局表示「創刊不需許可，言論不受審查」，言論、辦報可以說是幾近完全的自由。

當時的報人主要來自日治時期參與文化政治運動的文人、知識分子、中國的自由派或親政府人士，和返台的半山（日治時期前往中國發展的台灣人）。那段時間在《興南日報》工作的吳濁流形容自己當時「由於能夠盡情自由地寫新聞的關係，心情就像是小鳥飛出鳥籠一般」，他與同事「都為了使台灣比日本時代更好，以建設模範省為努力目標」而努力不懈。報業的編輯們當時都有種使命感，想讓當時的台灣變得更好，報業能起到「啟發過去的閉塞，發揚固有的祖國文化，溝通國內外的消息與論說，宣揚政府法令」的功用，自詡為「台灣文化的『掃雷艇』，新文化的『播種機』，使台灣文化走向合理的正途」，此外更是站在人民立場的，是「以人民的利益為利益，它是以人民的聲音為聲音……就是人民的機關槍」。再加上利用日治時期遺留下來的許多印刷廠，報業頓時成了個新興產業；在一九四六年一月之前，光是在台北申請登記的報社、雜誌社，就多達二十一家。其中通訊社三家，每天出版的報刊有十四家，三天出刊的有三家，而五日刊的也有一家；至於台灣當時的報紙數量，估計約有上百份在流通發行。

如果你生活在當時，有許多報紙供你選擇，幾份民營大報，像是具左翼色彩的《人民導報》、《大明報》，以及偏向布爾喬亞階級的《民報》，或者是官方認定帶有共產思想的《政經報》、《台灣評論》、《自由報》，也有被認為是分別帶有黨政軍色彩的《台灣新生報》、《中華日報》、《和平日報》可供選擇；或者來自中國的《申報》、《大公報》、《益世報》，此外還有英文的報刊《台灣青年月報》（Taiwan Youth Report），以及其他規模較小的報刊如《興台新報》、《光復新報》、《臺灣畫報》等。另外，在一九四○年代還有另一個選項，絕對不可以忘記的「最重要」的一家傳播媒體就是「中央通訊社」。

中央通訊社在戰後隨著國民政府來台，設立了台北分社。雖然他們的主要工作，還是將在台灣採訪的新聞稿整理好後傳回位在南京的總部，可是他與國民黨的關係卻是好的驚人，遠遠贏過上述任何一家媒體。在近年解密的文件更發現他與南京中央政府高層關係的不單純，而往往被認為在傳遞新聞的功能之外，還隱約帶了些情報單位的味道。對於事情的表述方式扭曲、偏頗、兩極化的描述，可是卻是黨中央參考的來源及相信的依據；也因為它如此的「安全」、「被信任」，更成為部分媒體撰稿時引用、改寫的對象。在這樣交相影響下，蔣介石就依此相信了報導中所描述的事件樣貌，即暴民充斥而激化失控的情形：三月一日中央社的電報「據憲兵隊長今晨稱：據非正式統計，昨（二十八）日被打死外省人六人，受傷五、六十人，其中八成是重傷」；三月四日一則加密的電報「憲兵團長張慕陶稱，全省各地外省人傷亡達一千二百餘人，其中，台北傷亡六百餘人，至於台人傷亡人數，現悉台北僅有四十人左右」；六日的另外一則密電裡更明白表示到「外省人仍受威脅，中央社處境艱難」，因而造成了三月八日中央政府派遣第廿一師的軍隊來台鎮壓的悲劇結果。

至於其他報紙呢？官股進駐的報紙雖多也是站在人民立場，為人民同情、哀悼、感到痛心，可是在解釋之中多半還是替陳儀政府緩頰、美言，如《台灣新生報》在三月一日的社論說到「誰不想從事正當的職業！誰願來做這偷偷摸摸的生意？私烟（菸）攤販也無非是為生活所迫」，也說專賣局不去尋找私菸的來源，一味的取締攤販「不能不說是捨本逐末……不免失之太苛」；也說「台灣的環境，是和平的環境，陳長官的作風，是民主的作風……正式下令，警察出勤，不得帶槍，以免有意無意，滋生事端……專賣局的查緝人員，更無帶槍的必要」，並建議對於撫卹死者與懲處專賣警察的主管當局，最後更疾呼民主、憲政、法治，「要政府守法」。（是否有少字）《中華日報》在三月二日的新聞也說「我們對專賣局這種緝私的方式和舉動，認為相當不當……主張公署要嚴懲兇犯，撫卹無辜，以平民怒」，三月四日的標題是「無分本省人外省人，大家都是中國同胞」；《和平日報》則認為此一事件的爆發是源自於人民的愛國情操，「這一次事件，正是愛國的表現，是本著『國家興亡匹夫有責』的古訓……一部分官僚始終不能真正認識民之重要，固有不孝者枉法犯法……使中華民國之民主政治始終未能實現，這種壞作風是，中國全國人民的公敵……要求中央痛下改革，以政府的力量打擊反民主的惡勢力」。

民間的報紙如《民報》、《人民導報》等報刊，則是相對站在人民的立場，以人民的視角評斷此一事件，且對政府批評的程度更甚。三月四日、五日的《民報》社論有以下敘述：「……更惹全省人民公憤，認為政府毫無威信，舉動極為野蠻，且無紀律，是以事態愈加擴大」、「一年半來隱忍在胸內的不平不滿，由此燃著的導火，一時總爆發起來……全體的人心是如何的激昂！興奮了！……壯矣哉，以生命為孤注，求謀解決嚴重時局，全市民應該感謝他們……才對得起無辜而就死地的同胞之英靈」、「市民聞訊又重添憤氣而發生種種意外事件」；三月八日的《人民導報》也提到「二．二八那天有一部分外省同胞被毆打，這是出於一時誤會，我們覺得很痛心，但也是一個我們同胞的災難」、「在不違背國家民族利益之下，台灣自治可能導向光明的道路，所以這事件是中國地方的不幸，是台灣政治的轉機」。

在中國報刊方面，對於此一事件的形容與用詞也多加歧異，但多是站在政府立場上，或許一定程度上是因為採用了中央社的電報來源，所以才會與台灣在地的報刊所形容、描述的有些微或程度上的差距。以三月一日至三月八日幾家報紙的主標題為例，有因經營結構或立場上傾向國民黨的《申報》：「台北戒嚴　因查私菸傷及人命」、「台胞暴動事件　處理辦法決定」、「台胞紛擾中　傷亡約四十人」，與《新聞報》：「台北暴徒騷擾」、「台北事件平息　台胞傷亡約四十人　公教人員及眷屬死傷逾四百」；也有處在台灣人民立場上的《大公報》：「台北曾發生紛擾　福州至台北電報昨中斷」、「台北市面尚未恢復　據報有三四千殞命」，並抨擊中央社的報導「中央社等昨傳台北發生騷動事件，惟語焉不詳，或與上述事件不無關係」；以及《益世報》：「台北事件　勸導調解中」、「台北事件動機　純為愛國至情」、「台案輪廓　官民不洽實為爆發主因　專賣局肇禍外省人受殃　謀根本解決將改革省政」。

事件過後的三月四日、五日的台北街頭，似乎一切都已然恢復了原貌，《大明報》

有幾段文字的記述與說明：「已慢慢趨向平靜」、「各商店都開門了」、「台北專賣分局前，燒毀了的敗殘物資，已有拾荒者在拾荒了」、「街上也走著許多外省人」；「中興輪抵基隆，港口秩序至為良好，一如往昔，碼頭搬運夫又彬彬有禮，若干初臨台省人士，大為驚奇」。

可是，直到三月九日那天……那天的台灣是怎樣的樣貌呢？沒有人確切知道，因為在那的隔天，全台幾乎沒有一家報紙送印、送出，而唯一有印出來的《中華日報》，也沒有發行，整疊就這麼積在印刷廠裡。為什麼呢？發生了什麼事呢？有一張關於那天的照片流了下來，那張照片的拍攝地點在重慶南路上，那條路空蕩蕩的，一個人都沒有。頓時，整座城彷佛空城，國民黨軍隊來了的隔天，台灣到底發生了什麼事情沒有人知道。我們知道的是在那天過後不久，大部分的民營報社都被查封、要求強制關門，這些曾對政府發出「建言」的報社社長、總編輯及其他相關人員，不是被捕就是失蹤：《民報》社長林茂生、《人民導報》先後兩任社長宋斐如與王添灯、《大明報》的總編輯艾璐生等；甚至有國家背景的《和平日報》也被勒令停業，《台灣新生報》總經理阮朝日以及日文版總編輯吳金鍊失蹤，更有多名在這幾間報社工作的職員相繼人間蒸發。

此後，台灣的報業難再有百家爭鳴的景象，殘存下來的，都是被官方篩選過的，因而在往後的報導裡也多順從政府的意見，最後留下來的是原本就被認為偏向官方的報章雜誌如《台灣新生報》。而原本還是多少會在報導中說出「真相」的報紙，在這之後一面倒向附和統治當局，台灣就此進入了一個侍從報業的時代。什麼是侍從報業呢？指的是某個時候的報紙，由於受到國家威權的控管，因而被迫符合官方的要求，成了官方的打手，與統治者培養出「保護關係」。這種狀況綿延持續了數十年，直到解嚴後才逐步、極其緩慢的融冰。

媒體由於有訊息傳播的特性，能影響許多的人，所以時常成為不同勢力爭奪的場域，搶到的就有發聲權，就能美化或醜化己方與他人，形塑兩種迥異的樣貌。而報紙更是如此，縱使戰後一代的文人嘗試改變社會，做出些貢獻，就像李歐梵認為的，中國的報紙多包含了兩個社會面向：對於執政者及社會的不公義的批判，傾向於哈伯瑪斯的公共領域；另一項是形塑文化認同的功用，近似班奈迪安德森所謂的「想像的共同體」；可是最終，還是在政府的強力介入下，一切都歸為了泡沫幻影。此後的報紙，在官方「三限一禁」政策（「限證」、「限張」、「限印」與「禁止發行」）的限制下，無奈地成了協助黨國機器進行迫害與肅清的利器。

参考資料：

一、專書：

＊陳國祥、祝萍，《台灣報業演進四十年》，台北市：自立晚報，1987。
＊吳濁流，《無花果—台灣七十年的回想》。台北市：前衛，1988。
＊林元輝編，《二二八事件臺灣本地新聞史料彙編：第一卷、第三卷、第四卷》，財團法人二二八事件紀念基金會，2009。

二、單篇論文：

＊林元輝，〈二二八事件期間中央社電稿分析及其影響與意義初探〉，二〇〇六。
＊石育民，〈廣播與收音機在二二八事件中的角色〉，「二二八歷史教育與傳承研討會」論文（二二八事件紀念基金會、高雄市政府合辦，2009.02）。
＊張耀仁，〈二二八事件期間駐台中國記者之報導析論〉，「二二八歷史教育與傳承研討會」論文（二二八事件紀念基金會、高雄市政府合辦，2009.02）。
＊吳純嘉，〈從《人民導報》看戰後初期臺灣的族群與文化認同〉，「二二八歷史教育與傳承研討會」論文（二二八事件紀念基金會、高雄市政府合辦 2009.02）。
＊呂紹理，〈日治時期臺灣廣播工業與收音機市場的形成（1928-1945）〉（國立政治大學歷史學報第十九期，2002）。

＊ 邱家宜，〈戰後初期（1945–1960）台灣報人類型比較研究 —吳濁流、李萬居、雷震、曾虛白〉（台北：世新大學傳播研究所博士論文，2011）。

＊ 林淇瀁，〈禁禁禁：戰後臺灣報禁政策之形成〉，《台灣學通訊》八十五期（2015.01）。

＊ 何義麟，〈豈止是喪失新聞自由而已——談二二八事件前後的新聞管制〉，2007（刊載於「無界之島」電子報）。

＊ 黃順星，〈新聞的場域分析：戰後臺灣報業的變遷〉，《新聞學研究》一〇四期（2010.07）。

＊ 林怡瑩，〈由「人民導報」看二二八事件對臺灣報業的影響〉，《新聞學研究》六三期（2000.04）。

二二八走過的媒體印記〈一〉

／毛翔年／

【官方論述】

台灣有關二二八事件的媒體論述，長期以來都以官方論述為基準。其中又以楊亮恭《二二八事件調查報告》、柯遠芬《台灣二二八事變之真像》為典型的論點，將事件中「奸黨暴徒」解釋為共產黨。台灣在事件後不久進入戒嚴，而二二八事件成為禁忌的主因，就是因為與共產黨扯上關係，此其一。事件發生後，政府當局將其與共產黨連結之綏靖與清鄉等舉動，都讓「二二八」成為檢肅的同義詞，使得台灣民眾不敢談及二二八，此其二。根據夏春祥收集的相關報導，台灣在戒嚴時期關於二二八事件的報導只有十四則，佔全部一千三百〇八則的百分之一。因此，台灣從一九四九至一九八七年，戒嚴的三十八年內，輿論甚少出現二二八言論；即使有，也主要為官方的論述。

以台灣媒體發展史的角度來看，二二八事件後報業發展最大的問題點，在於國民政府對島嶼媒體控制日深，政策是以扶植黨、政、軍為主。報業的經營也由中國各省來台的人士全面掌控，媒體輿論的主導權完全落入外省人或半山（即二戰時投效國民政府，戰後返台任官的台籍人士）之手，加上國民政府來台後禁止使用日文，因此台灣知識分子大多保持噤聲，民營報社的空間則更形萎縮。媒體在國民政府的主導下，嚴重打擊了台灣近代民主社會的發展，也限縮了民間的二二八論述。

二二八事件歷史真相的解釋僅存於「官方」或官方扶植的立場，讓威權延續著二二八；然而在台灣人民的記憶中，二二八事件讓每個經歷過或受其影響的台灣人，不是喪失記憶，就是只能接受官方的二二八歷史。

一九八〇年代後，社會的動能撼動著威權政府，政治制度上雖尚無特殊的巨大變化，然而各界都想要衝破國民黨長期戒嚴下的各項政治、社會、環境等問題，這股潮流可以用「追求與建立公平正義的社會」來形容。所以此時的各種社會運動，就為一九八〇年代台灣轉型發展的代表特徵，其中包括衝破對二二八事件的禁忌，而這股力量成為民間論述二二八事件的起源。筆者以為，一九四七年二二八事件後避難海外的人士，就是促成八〇年代衝破禁忌的重要原因之一。

【民間論述】

由於島內二二八論述一直是由官方主導，而受二二八事件影響的人離開台灣後，將此時的論述帶往海外，如廖文毅、王育德等。這些因為二二八事件影響而離開台灣的前輩，就有了與官方不同的論述，除了訂立此日為臺灣國殤日，也定期舉行紀念儀式，之後更成為台獨運動的源頭。

語言學家、戰後著名台獨運動者王育德，其兄王育霖於二二八事件中遇難。後來到日本避難，發行《台灣青年》以作為論述台灣歷史的重要刊物，於一九六一年《台灣青年》第六號推出〈二二八特集〉，首次公開二二八事件中被捕的台灣菁英名單。而此期《台灣青年》也是繼一九四七年二二八事件發生後，首次在海外被公開談論，對當時的台灣人及留學生產生很大的衝擊。

台灣人民在國民黨政府監控下長期噤聲，有關民間或非官方的二二八論述，就由海外傳播至各地。有關二二八事件之紀念活動，對80年代以前的台灣可以說是無影無蹤，此時民眾對二二八事件的記憶是一片的空白。不過在海外有關二二八事件之紀念活動，可以說是相當活躍，其中也包含了許多不同立場的紀念儀式。

二二八事件後，海外台灣人團體每年都在此日舉辦紀念活動，一九五〇年之後，獨立與統一的支持者分別集會，開始互別苗頭。在島內，「二二八事件」還是禁忌的年代，海外的人都對此日相當關注。一九四七年二二八事件發生之後，就有三場不同立場的二二八紀念活動。第一個是一九五〇年二月二十六日在日本舉辦的「二二八記念和平促進大會」，第二個是當天也在日本其它地方舉辦的「二二八紀念活動」；幾天後，又有一場由日本保守派議員藉二二八紀念活動，講論台灣為日本領土。這三場紀念活動，第一個是代表中共左傾之解放，第二個是代表台灣獨立，第三個是代表日本侵略之軍國主義。一件「二二八事件」有著各自的歷史詮釋，用詞也都不相同：左傾用起義，獨立用革命……無論如何，都是拿二二八事件受難者以合理化自己陣營的政治理念，至於歷史真相的追求則乏人問津。

一九八〇年為台灣社會衝破威權統治的狂飆年代，那時，結合島內人權運動者共同發起二二八平反運動，逐漸喚醒台灣人的記憶，其中就以一九八七年掀起的二二八平反運動為最高潮。不過，在此之前，就有政治人物針對二二八事件提出質詢，逐漸鬆動威權巨靈對台灣社會的控制。一九八二年，立委洪昭男首度在立法院，向當時的國防部長宋長志提出有關二二八事件的質詢；隔年，立委吳梓就以「對二二八不幸事件之澄清與說明」為題，向行政院長孫運璿提出質詢。一九八五年三月，立委江鵬堅向立院提出要求，將二二八定為和平日，這是當時在野黨立委對國民黨政府，必須善後處理二二八事件的強烈要求。

一九八七年二月四日，鄭南榕與陳永興策畫並成立「二二八和平日促進會」，記者會中鄭南榕公開宣示要以和平理性方式，追求二二八事件的歷史真相，為受難者平反冤屈，以及追求台灣社會的公義與和平而努力，來紀念二二八事件四十週年，促成公布真相，並訂立二月二十八日為和平日。然而，這場劃時代的記者會，在當時並沒有主流（官方）媒體願意報導。無論如何，「二二八和平日促進會」就在鄭南榕出獄之後，帶著火熱的鬥志，從一九八七年二月二十四日起，巡迴台灣各地舉行演講會及遊行活動。

一九八七年的紀念活動方式，有大型演講會：舉辦二二八相關活動，討論二二八事件之歷史意義，以及對國民黨暴行的見證，以激發台灣社會民眾之同情與向心力。也有和平遊行：重回當時重要事件發生地，對逝去人物憑弔，配合史料展覽，讓未曾經歷的人有感同身受的情節。另外更不定期舉辦座談會、默禱、祭拜典禮、追思禮拜等，之後更成立紀念館、出版專書，讓政府與民間對二二八事件更為關注。

《聯合報》在一九八八年二月二十七日作了一項調查，在有效樣本七百八十八人中，只有百分之十五（約一百一十八人）知道二二八事件，但「知道」可能代表聽過或了解，並不表示知道二二八事件歷史的真相。可見，在一九八七年展開二二八和平促進活動之前，台灣民眾對二二八的了解顯然非常有限。所以，一九八七年由鄭南榕、陳永興等人舉辦的二二八紀念活動，就是為台灣民眾找回失落的集體記憶。

【總結】一九八七至今二二八紀念活動變化

一九八七年是日後二二八事件相關紀念活動的雛型，在此之前，黨外人士對威權體制的衝撞，直接或間接促成台灣人對自身歷史的關注。有關二二八事件紀念活動的變化，也由起初官方之控制論述、民間自發遊行巡迴座談，到近年由新世代台灣青年為主體發起之「共生音樂節」。

台灣社會於八〇年代達到打破二二八禁忌的階段性任務後，一九九〇年代至二〇〇〇年，成立各種相關的「二二八事件小組」，對二二八事件展開調查與研究，學界則首次舉辦各場二二八學術研討會，受難者之間亦成立「二二八關懷聯誼會」，提出公開真相、道歉賠償、設立紀念館與基金會、訂二二八和平日為國定紀念日等訴求。此時學界積極出版有關二二八的相關研究，而媒體每年都以受難者為中心報導二二八事件，期盼引起社會各界對二二八事件的關注。在學界與媒體公開討論二二八事件時，台灣社會所欠缺的就是政府該如何對社會與歷史交代，這也是政府一直要向台灣社會學習的重要課題。

二〇一三年開始舉辦的「共生音樂節」，將「二二八事件」作為歷史圖騰。不同於過往官方控制人民噤聲而無法觸及的禁忌話題，也不同於台灣人集體揹起被壓迫的悲情歷史十字架。「共生音樂節」以青年作為主體，結合音樂與台灣社會當前的社會處境，匯集各種不同的議題，讓青年世代得以自由揮灑創意，用多元的方式來記憶二二八，並用行動來認識台灣歷史的前輩們，同時也是象徵台灣主體歷史的紀念活動。青年沒有沉重的歷史包袱，於是透過這些元素的結合，來理解與追尋，將在這塊島嶼上發生的歷史種子，播種在台灣各角落的人心中，讓彼此來關注，喚醒更多人的歷史記憶與土地認同。

〈二〉媒體描述二二八各族群形象（或群體紀念）

【前言】

媒體描述二二八各族群的形象，是配合著台灣政局而變化。二〇〇〇年民進黨上台後，族群漸漸不是政治操作上的問題，不過國民黨政府上台後由於政治操弄下，族群問題又日益凸顯。此時台灣民族異於中國民族的思考漸受重視，逐漸建立了台灣主體的論述。因此，從二〇〇〇年來有關二二八對台灣本土的媒體報導，「台灣主體性」就像一條悠悠長河緩緩匯聚起來。

從每年二二八事件的報導中可以看出來，在事件中受難的各個族群，無論是本省人、外省人、原住民，國民黨政府都沒有追求真相的誠意。各族群渴望的「真相」，就是期盼政府能夠找到加害者的樣貌，並追究責任、認真檢討，而非每年僅是受難者及其家屬的群像，來面對政府廉價的鞠躬道歉。

二二八歷史所引起的悲情，可以透過多元的轉換走出，而多元的轉換就是將族群的融合作為核心。因此，二〇〇四年舉辦了「牽手護台灣」，不同於過去肅穆紀念二二八事件的方式，這次是把帶有嘉年華會色彩的活力注入二二八事件紀念，使得各族群都能在這天站出來為自己的土地發聲。有別於過去動員是由上而下，政治人物的出席成為每年二二八當天的鎂光燈；「牽手護台灣」是首次由民間各個族群自動發起的團結運動。根據報導，當年各地舉辦各種活動，全台串連，有本土的二二八守夜禁歌演唱會，也有以國民黨為主提倡的國家捐血活動，原住民族則在部落牽起手護衛家園。各地民眾也用自己的創意，不拘形式發起摺紙鶴、卡通祈福、牽手娃娃、民俗、彩虹同志等運動來共同牽手紀念。

在國民黨政府過度傾中下，居住在島嶼上的人們對於台灣的認同，逐漸就以二二八事件作為一個共同的想像，無形消弭了族群之間的矛盾。

除了紀念，更是向世界宣示台灣的主權，標誌台灣與中國是兩個差異巨大的不同文化。兩千年後，社會上對二二八事件逐漸有了共識，認為：長期生活在同一個社會內的兩個族群對立，才是族群問題；但如果是來自不同社會的兩個族群的對立，則是文化差異引起的問題。二〇〇八年國民黨政府上台後「中國因素」上升，企圖讓政治凌駕學術、史實，更主導了國、高中的二二八論述；二〇一四年「佔領立院運動」尾聲，大腸花論壇中不少青年說出「主張台灣獨立」，台灣主體的論述，成為新世代青年的共識。

【原住民】

一九四七年二二八事件野火蔓延全台，嘉義市陷入混亂。漢人民軍抵抗軍方架起的機槍大砲，處理委員會的仕紳請高一生協助維持治安。高一生於是召集各部落青年率隊下山抵抗，使得軍方全數撤退至水上機場；後來包圍機場，以防軍方回擊。這為期長達一週的對峙，成為二二八事件中死傷最慘重的一役，共有三百多名民兵戰死。事件平息後，高一生、湯守仁遭到逮捕，出面協調的樂信　瓦旦，卻為自身埋下災禍的遠因，被列為「異議分子」。三人都在一九五四年遭到槍決，遠因是二二八事件，但近因是因白色恐怖，他們因接觸中共地下黨，而遭國民黨政府槍決，這是更為曲折複雜的一段「台灣黑歷史」。

二戰後，他們三人與諸多原住民菁英參與並推動了原住民自治，為的就是要拿回異族統治下從原住民身上剝奪的權益。然而五〇年代的槍聲，在原住民菁英的隕落下，展開了部落此後長年的噤聲。因此，在漫長的戒嚴歲月，原住民持續遭到制度性的壓迫與歧視。甚至在二二八事件六十多周年的今天，原住民依然沒有獲得政府的重視，與本省、外省受難者相同，都沒有辦法知道加害者究竟是誰。台灣社會看似有了自由及各種法律權利的保護，然而原住民土地始終未曾完全復歸，文化依舊遭到社會的誤解，原住民真正的自治至今仍遙遙無期，更別說獨立。因此連續七年以來，在二二八事件紀念日這天，原住民都以施放狼煙的方式，代表「戰爭未曾平息」，來抗議政府不願面對國家在制度上侵害原住民權益的錯誤。

【本省人】

過去二二八事件著重在本省人受凌虐的部分，很少提及本省人浴血抵抗的事蹟。兩千年後，就以一九九九年嘉義水上機場、一九九七年古坑遺骸的出土，證實了本省人在二二八事件中曾浴血抵抗。二〇〇三年，受難者與學者都不滿教材對二二八當時的狀況輕描淡寫，而且忽略本省人在事件發生當下對外省人的幫助，於是要求政府找尋真相，補足教材偏差、比重不足的毛病。

雖然有許多受難家屬獲得政府平反，頒發名譽回復證書（例如花蓮張七郎、許錫謙，以及當時花蓮秀林首位官派鄉長太魯閣族林明勇），但有更多在二二八事件中台籍菁英的受難家屬只能透過撰文，或由受難者遺作的曝光，以文字、藝術的力量來降低歷史的傷痛。他們依然企盼政府查明真相、記取教訓，然而國民黨政府毫無誠意緝拿加害者、未公開影響重大的檔案，未給予社會公平正義，更以加害者的立場極力定位自己為受害者。民進黨執政後，致力相關檔案的蒐集，但當年官方資料觀點僅有「暴民」沒有「暴政」，更可見事件發生至今，真相的追尋遙遙無期，終於也成為台灣人拿回二二八集體記憶後失落的一部分。當更多人忘記的時候，就必須要有更多人來紀念，於是受難家屬提倡在十元硬幣換上二二八事件受難者陳澄波的肖像，無奈卻遭當時執政者駁回。

【外省人】

二〇〇一年「二二八事變叛變名冊」出土，名冊羅列了二二八事件發生當下，國民政府亟欲打擊的對象，當中即有林獻堂、連震東、黃國書、黃朝琴等人，可見當時國民政府打擊之廣。同時也可看出二二八事件中，外省人在國共戰爭中底下於國民政府的結構當中，生存於台灣社會的尷尬與矛盾。

台灣社會各界對國民黨關心二二八事件一直存在著懷疑，這是由於國民黨雖然每年都以道歉、認錯收尾，但卻又一面到桃園謁陵兩蔣，迴避所有責任。我們期盼國民黨能夠以「造成二二八事件的元凶」立場，來削減國民黨的威權體制，可是他們上台後，不斷傾中造成中台矛盾，對二二八事件則是不斷扭曲歷史、蔑視歷史，只用廉價的認錯及真正的偽善來面對，未能藉本身擁有的巨大資源來消弭社會對立、促進政治和解。於是，後來二二八家屬屢屢以「和平訴求」的方式來對國民黨政府提出抗議，卻如對牛彈琴。

其他族群

二二八事件發生前夕，台灣社會的狀況如：國民黨劫收台灣，將日本資產納為己用，拿台灣資源來應付中國內戰，終釀成二二八事件。經過發生、沉澱、紀念，二二八事件的發生從台灣連帶影響了周邊的國家，例如香港的遭遇，讓我們看見歷史正在眼前重演……。

香港一九九七年被中國收回後，中港文化差異日益擴大。中國人從內地來到香港炒房，造成香港房價飆高，剝奪了香港人土地自主權；又因大量中國人進入，導致生活品質低劣，搭地鐵中國人多半插隊或者隨地大小便，或是中國來到香港買香港的奶粉、利用香港的醫療資源，造成奶粉缺貨、醫療資源匱乏。在政治上，共產黨明言五十年不變，「回歸」十年後立刻不顧基本法，非法秘密逮捕「異議人士」，嚴重控制香港人的選舉與言論自由。上述種種，讓香港人認為中國人是蝗蟲，而香港人看自身情況就有如當年二戰後滿心期待「祖國夢」的台灣，但有如一場漫長的惡夢般重現了歷史。

香港由於過去是英國統治，雖為殖民統治，但卻為香港留下了民主人權的種子。因此，香港人有感於中國共產黨在各方面的層層進逼、滲透，在每年的七月十三日，無論是何種議題，香港人都會自發性地站上街頭表達他們反對中國共產黨惡政的決心。

【灣生】

二○一五年十月《灣生回家》紀錄片在台上映，書紅電影更紅，大家開始討論那個時代在台灣出生卻被迫回家鄉日本的「灣生」。二二八事件中，多數人圍繞在本省人、外省人上，其實在那時候，這在台灣的日本人及其後代同樣受到二二八事件的波及。

一九三三年，日人青山惠先來與妻子青山美江來到台灣，居住在基隆社寮島（今天的和平島）的琉球人聚落，捕魚為生。生下兒子青山惠昭後，因為太平洋戰爭爆發，就被日本徵召到越南打仗，青山惠昭五歲時，就由母親帶回日本撫養長大，成為灣生。戰後，青山惠先不知道妻小已經回到日本，一九四七年從越南返回台灣找尋家人，不料就在基隆遇到剛從中國調兵來台的國民政府軍隊，正在鎮壓二二八暴動的三月屠殺。為了躲避殺紅眼的國軍，青山只好逃往山上藏匿。在山區躲避沒多久，青山跟一起逃難的堂哥說要回住處拿東西，不料就此音訊全無，至今下落不明。一九七七年，青山的家人向沖繩法院聲請死亡宣告獲准。

日本妻子得知丈夫在台灣遭遇二二八事件失蹤之後，癱倒在地、崩潰痛哭。於是，執意獨立將兒子扶養長大，不顧親友勸告終生未再改嫁。因為妻子不相信與丈夫就此天人永隔，之後就從靈媒得知丈夫在台中或到香港，現在還活著。從超自然的管道得知丈夫的音訊後，妻子也獲得了安慰和平靜，但有時候又感嘆丈夫「莫名其妙就過世了」。（事實上，二二八事件後，台灣行政當局對日本人採取嚴重取締，不是正式授與留在台灣的日本人，就不能取得台灣當局所發的國民身分證明書，潛伏或以台灣私營企業的非法留用都很困難，被查獲都會遭到強制遣返，所以青山未回到日本恐怕凶多吉少）。

二二八事件影響的不只台灣人，還有許多戰後來不及返回日本、居住在台灣的日本人，他們在戰後所看到、遭受到的種種，並不亞於台灣人。尤其是身為戰敗國，帶給台灣種種進步的殖民政權，戰後目睹國民政府來台接收的種種不公，造成中、台兩種文化上的矛盾，之後引爆二二八事件。對於日本人來說，心裡也一定是相當難受。從青山一家來說，妻子回到日本後生活艱困，兒子遭受歧視，丈夫生死未卜。戰爭，從來就不是終戰之後一切就雲淡風輕了，對人民來說，血才正要開始流。

在台灣出生的日本阿嬤鈴木怜子，寫下《南風如歌：一位日本阿嬤的臺灣鄉愁》，當中提到二二八事件。一九四五年打完仗後陳儀就任，不到兩年，就爆發了二二八事件。三月一號，很多台灣人就聚集在台北的廣播電台，呼籲全島民眾加入反抗行列。國民政府鎮壓後，不久也發布戒嚴令，開啟長達三十八年的戒嚴時期。當年廖文毅刺殺行動曝光時，母親吩咐鈴子將裝有廖文毅手槍的皮箱，丟到外面的筊白筍田裡。因為大人丟棄的行為太過可疑，小學生不會遭到國民政府的監視，才由當時只是小學生的鈴木阿嬤執行丟掉廖文毅手槍的任務。這是一段屬於灣生的二二八回憶，同時也是屬於台灣人共同記憶的一塊拼圖。

由於二二八事件的發生，使部分台灣人從認同「祖國」轉變成「我是台灣人」。其實一直被命運捉弄的臺灣人，並不甘於順從他國的統治，即使戰後期待「祖國」的接收，不過台灣人還是希望自己的國家自己治理。擺脫外來政權的殖民統治，可與沒有經過戒嚴時期恐懼的現代青年呼應，青年們對於台灣這塊土地的認同是不變的，沒有人甘於被其他國家統治，例如近年來青年對於不斷高漲的中國因素所產生的反彈。因此，在面對極權的中國共產黨與威權的中國國民黨威脅壓迫下，建國是對土地認同的最好方式。

【總結】

雷蒙在《歷史哲學》曾說：歷史是由活著的人和為了活著的人而重建死者的生活。近年來以青年為主體的共生音樂節，年輕人用魄力在荒煙蔓草、佈滿荊棘的路途上克服許多困難，替未來寫下了過去的歷史、重建了前輩曾走過的路，就是因為要告訴大家毋通袂記。同時也在這過程中，不斷告訴大家會有更多的人來了解這塊海嶼曾經發生的往事，這是你我身上共同的語言。

參考資料：

一、專書：

＊夏春祥，《在傳播的迷霧中：二二八事件的媒體印象與社會記憶》，台北：韋伯文化，2007。

＊薛化元等，《戰後臺灣人權史》，台北：國家人權紀念館籌備處，2004。

＊陳宏昌，《二二八平反運動初探》，東海大學歷史學系碩士論文，2002。

二、單篇論文：

＊何義麟〈在日臺灣人的二二八事件論述——兼論情治單位監控報告之虛實〉，《臺灣史料研究》第四十四期，2014.12，頁 20–50。

＊何義麟〈戰後初期臺灣留日學生的左傾言論及其動向〉，《臺灣史研究》19:2，2012.06，頁 151–192。

＊何義麟〈媒介真實與歷史想像——解讀一九五〇年代臺灣地方報紙〉，《臺灣史料研究》二四，民 94.03，頁 2–24。

＊蘇瑤崇〈追求公平正義的時代——論解嚴前後（1981~1989）第七、八屆省議會與臺灣社會的轉型發展〉，《臺灣史學雜誌》一二，2012.06［民 101.06］，頁 104–132。

＊ 蘇瑤崇〈二二八事件中的媒體宣傳戰〉，《臺灣文獻》59:4，2008. 12，頁 353-400。
＊ 許育銘，〈戰後留臺日僑的歷史軌跡－關於澀谷事件及二二八事件中日僑的際遇〉，《東華人文學報》七期，2005，頁 151-186。

三、報刊：

＊《民眾日報》1982/11/23
＊《立法院公報》
＊《自由時報》
＊《蘋果日報》2015. 11. 24
＊「PNN 公視新聞中心」2015. 11. 25

四、網路資料庫：

＊《聯合知識庫》
＊ 藍士博〈行動，從理解與認同開始 ——共生音樂節的緣起與展望〉，《想想副刊》，2015/02/27，http://www.thinkingtaiwan.com/content/ 三七六六
＊ 2015/2/28《眉角》臉書

從噤聲到銘記——二二八事件紀念碑的創設與變革

黃彥傑

一九四五年八月，在日本接受波茨坦協定後，正式宣告第二次世界大戰軍事行動的終止，日本亦隨之遭到盟軍佔領。而戰前為日本帝國領土一部分的台灣，也因盟軍第一號命令，在同年十月，由中華民國政府開始暫管台灣。但由於官員貪污、腐敗、語言隔閡、將民生必需品供應內戰、台籍日本兵安置、日產恣意接收等等的問題，使台灣民眾生活日益貧困並且心生不滿，短短一年四個月的時間內，台灣就發生了二二八事件。事件發生後，行政長官公署想的並不是安撫民心，或是檢討一年多來施政的問題與台籍菁英、仕紳的改革諫言，反而以「叛亂」為名，向中央請兵鎮壓台籍菁英和民眾。三月，國民黨政府部隊登陸，展開為期兩個多月的屠殺，數月間台灣社會風聲鶴唳，無數政治、經濟和地方菁英皆遭到捕殺，同時也有無辜民眾慘遭殺害，社會轉為不敢出聲。而隨著國民黨於國共內戰中的失利而流亡至台灣，戒嚴令的頒布更使台灣人難以談論二二八事件，平反之路遙遙無期。

一九五〇年代戰前台灣知識份子流亡日本，廖文毅和廖文奎也為同一時期流亡日本的台灣知識份子。當時台灣島上充斥肅殺氣氛，他們在日本發行刊物，使海外台灣人得以知曉二二八，但因島內資訊遭到國民黨政府的控制，因此許多人對二二八事件仍然毫不知情。隨著台灣留學生逐日增加，二二八事件先是在國外留學生圈中流傳，再從日本、美國，慢慢傳回台灣。隨著七〇、八〇年代台灣社會運動的展開，這股風氣也逐漸在國民黨統治下的鐵幕熱絡起來。先是黨外運動，後有本土化運動的開始，各種社會運動活絡以及社會氛圍逐漸改變的情況下，歷史平反的運動也隨之進展。從一九八七年鄭南榕等人奔波起草的二二八和平日促進會，呼籲為四〇年前的台灣人平反與追查真相；隔年，全台首座二二八紀念碑於嘉義落成，皆顯示這數十年努力，與台灣民主不斷演進的過程，也讓「二二八」不再噤聲以致無法進入民眾耳中。儘管當時台灣中青代對二二八的認識僅侷限於名詞，多數人無法真正理解，但仍是十分珍貴的結果。

八〇年代的平反活動熱潮，除了使台灣政治逐漸走向民主化，更迫使八〇年代末期至九〇年代的中華民國政府開始公佈當時的檔案，同時對二二八屠殺進行調查，在各處開始設置了紀念碑和紀念館，各地的受難者家屬及其後代也開始組織起來建立相關基金會。推移至政黨輪替後的二〇〇一年，台中的靜宜大學也在張炎憲教授的努力下，設立起紀念碑。

基隆、台北、嘉義這幾座城市是二二八事件時受到創傷最嚴重的幾個城市。嘉義市是首座設立二二八紀念碑的城市，一九八九年設立於彌陀路與忠義路路口，雖然僅介紹發生之年代與日期，但其意義在於它為全台首座，顯示了社會風氣日益開放下，二二八不再是「不可說的秘密」。而後來南台灣各地如屏東、高雄、台南，也紛紛設置紀念公園與紀念碑，但與嘉義的紀念碑不同，多了許多意義，除了歷劫重生外，還有癒合、融合、和平和人民之傷痛等等意涵。

北台灣首座紀念碑設立於中國國民黨黨軍登入的基隆。基隆八堵車站在三月十一日遭到國民黨軍的包圍，車站內的五名員工遭到槍殺，前後遭到屠殺的人共有十七人，站長與副站長雙雙罹難。受難者籌建委員會在一九九四年七月於八堵車站附近設立紀念碑，紀念碑用明顯易懂的火車頭雕刻，以及大大清楚的「二二八」字樣，讓大家瞭解紀念碑設置的意義，並紀念那群盡忠職守且英勇犧牲的火車站職員們。

台北在一九九五年也在二二八紀念公園設置紀念碑（時稱新公園），不只單純的紀念，還有悼念和撫慰等等意涵。當時陳水扁當選台北市市長，他做了許多行動來紀念二二八事件，除了將當時的新公園改名為「台北二二八紀念公園」外，同時也將日治時期名為「台北放送局」的台北廣播電台改為台北二二八紀念館。館內有許多二二八前的資料與影片，及介紹二二八的相關書籍與政府調查之文獻。

一九九五至二〇〇四間，台灣各地紛紛設立紀念碑和紀念公園，雖說相較早期設立的嘉義、屏東、高雄、台南、台北等地晚了許多，但也逐漸設立起來。如一九九五年台中、一九九七年花蓮縣、一九九九年桃園縣、二〇〇〇年雲林縣、二〇〇四年新竹、二〇〇四年宜蘭縣、二〇〇四年南投縣，紀念活動與地點不再侷限受害較深的地方，或是傳統政治版圖「泛綠」的版圖，全台二二八相關紀念館也開始萌芽並深根。

【結論】

一九四七年中國國民黨在台灣發生二二八事件，但當時的接管政府屠殺尚未確認國籍的人民，如此嚴重的消息卻在國外不被媒體所知曉，原因在於冷戰體系的逐漸形成，中國內戰、歐洲赤化與援希土等等的國際事件，也使得國際媒體無暇對二二八有所報導和琢磨，同時台灣本身也因國民黨政府的戒嚴體制，與其形成的白色恐怖之下，數十個年頭都無人有能力窺探這段傷痛。其中雖然五〇年代台灣本土知識份子流亡日本，不管創立雜誌，亦或成立團體使國外大眾及臺灣留學生知曉，但知情者依然是少數群眾，無法使台灣內部民眾得知相關完整資訊。直到八〇年代黨外運動興起，本土化運動與鄭南榕等人接續的努力，致使情況有所改變，各地團體開始組織，政府也首次承認二二八事件的存在，同時公開檔案。李登輝政府更進行組織將二二八事件整理為報告書，本土的團體進行各種動員，長老教會更是功不可沒，各種紀念活動的舉辦，使台灣人對二二八的印象，不再只是被蒙蔽的歷史記憶，使其重新回到了腦海中。

八〇年代末期不只是各地平反運動風起雲湧的開始，紀念館與慰靈碑、紀念公園也逐漸設立，嘉義、屏東、高雄、台南、基隆、台北等地的設置皆如雨後春筍般的冒出，這象徵的不只是後人的重新正視，我認為它的價值還有紀念與感念前人為了台灣政治和文化的付出，這是他們不惜犧牲性命來換得的民主。戰前的政治菁英所背負的使命不只有挺身而出對抗當權者的壓迫，更重要的是背後眾多無力者的信仰、苦難及託付，這群政治菁英與受日治教育下的青年，在遇到最艱困的時代挺身而出對抗國家暴力，雖遭受鎮壓與屠殺，但靈魂永存於台灣。公學校傳來的實業精神、中學授來的求知理念，高等學校自由、自治觀念，大學得來的專業知識，這些戰前青年、精英、地方士紳對土地認同、追求進步理念，卻遭「祖國」屠殺、背叛、抹黑……。那代人的被迫噤聲與無奈、認同的錯亂，我想今日的台灣除了要紀念他們外，更重要的是把那世代的精神尋找回來，同時凝聚明確的認同也是我們要追尋的。

參考資料：

＊ 陳香君，《紀念之外：二二八事件・創傷與性別差異的美學》，台北：典藏藝術家庭，2014。
＊ 臺灣民間真相與和解促進會編，《記憶與遺忘的鬥爭：臺灣轉型正義階段報告》，台北：衛城出版，2015。
＊ 陳翠蓮、吳乃德、胡慧玲，《百年追求：臺灣民主運動的故事》，台北：衛城出版，2013。

／民主聖地——全臺首座二二八紀念碑於嘉義　趙容／

【從二二八平反活動開始——運動紀要】

一九八七年以前，二二八事件後四十年，受難者或其家屬經事件及戒嚴與白色恐怖的威嚇，僅將冤屈深埋而不敢公開談論二二八事件，遑論平反冤屈；如陳澄波先生的遺孀，解嚴後才從祖先牌位後拿出陳澄波臨終時相片，並將藏於樓層隔板的畫作取出修復，重現世人前。

一九八〇年代興起的社會運動團體勇於挑戰當權者、打破負面集體記憶與不合理的體制，許多雖並未身歷二二八事件，卻能意識這是台灣人心中最大的苦難，於是平反運動便在社會運動團體挺身出面下而生，打破禁忌。

一九五〇年代海外即有二二八紀念活動；臺灣島內則直至一九八七年，「二二八和平日促進會」與台灣基督長老教會才開平反之端。而台灣歷史最悠久且擁有信徒最多的臺灣基督長老教會，於推展社會現代化本土化、以及人權運動不遺餘力，在一九七〇年代，長老教會也發表《對國是的聲明與建議》（一九七一年）、《我們的呼籲》（一九七五年）和《人權宣言》（一九七七年）等三篇，在民主化過程中佔有重要的一角。二二八紀念碑便是社會運動團體、基督長老教會共同合作下的產物。（圖一）

【二二八紀念碑建立背景】

嘉義市彌陀路二二八紀念碑建立於一九八九年，為全台最早的一座二二八紀念碑，也是唯一一座完成於一九九〇年代前之紀念碑，具有劃時代的意義。至此而後，全台陸續建立紀念碑、紀念館。

一九八八年十二月三十一日，長老教會玉山神學院的林宗正牧師，鄒族青年曾俊仁、潘建二、布農族青年余進仁等人，將原本豎立於嘉義車站前的吳鳳銅像拆毀。當「拉倒吳鳳銅像」事件發生之後，時任省主席的邱創煥也宣告三月一日開始，吳鳳鄉更名為「阿里山鄉」。

陳永興醫師和鄭南榕先生所組成的「二二八公義和平促進會」決定響應，在一九八九年二月二十八日分別在基隆市與嘉義市發動遊行及舉行紀念會；遊行後陳永興醫師等人即刻邀請各界人士召開籌建台灣第一座二二八紀念碑會議，並決定由促進會、民進黨嘉義市黨部，和長老教會嘉義中會等聯合組成籌建委員會並接受民眾捐款，決定在嘉義市吳鳳銅像基座上，建立二二八紀念碑。

▲圖一

【鄭南榕先生對於吳鳳銅像拆除事件的評論】

鄭南榕先生在一九八九年一月出刊之時代雜誌中，認為：「台灣的原住民以果敢而堅決的行動，拆掉嘉義車站前的吳鳳銅像，為島上人民示範『除舊佈新』的時代意義。使這具代表『大中國沙文主義』的統治象徵，四分五裂。」

他並提到：「原住民拆毀吳鳳銅像的行動，並不能孤立來看。除了具有粉碎統治象徵的政治意義以外，更重要的，這是對大漢沙文主義的文化迫害所做的一種悲壯抗爭。在原住民精神普遍失落的八十年代，他們所進行的一連串與吳鳳神話的抗爭，其實只是走出文化救贖的第一步而已。」

另外，他也將此行動之文化背景，提升到對於執政者的反思：「以蔣介石銅像為例，以蔣介石、蔣經國為首的國民黨統治集團，於一九四五年敗退佔據台灣之後，在政治上對台灣人民實施高壓統治，在文化上，以『發揚中華文化』自許，並全面對台灣文化進行有計劃的壓抑與破壞。於是，台灣人民的母語不僅在官方刻意打擊之下，面臨斷層的嚴重威脅；全面戳破蔣家神話、全面拆毀蔣介石銅像，實際上也是台灣人民走出文化救贖的第一步。原住民拆毀吳鳳銅像，讓我們具體地看到文化壓迫與文化抗爭的縮影。在漢人強勢文化的壓迫下，拆毀行動其實是象徵意義大於實質意義。

鄭南榕最後呼籲群眾：「我們應痛定思痛，就從一九八九年開始，捐棄文化集團的成見，與原住民共同攜手，致力建設一個有人性尊嚴與民族平等的台灣新文化吧。」

【建立過程中的阻礙】

紀念碑建造過程中，時任行政院長的郝柏村，下公文命省主席邱創煥告知市長張博雅，建造該紀念碑將會引起社會動盪不安。張博雅則回應，要求邱創煥正式明文「禁建」。落成前，總統李登輝電告張博雅，要好好審核碑文內容。在即將完工前，籌建會才把由和平促進會寫的紀念碑文送去給張市長看，經討論，市長同意用基金會寫的碑文。

工程歷時一百天期間，相關人士遭受國民黨的恐嚇及警方監聽。也因為遭多次有心人士蓄意破壞，因而需要二十四小時的站崗守護。最後全台第一座「二二八紀念碑」在一九八九年八月十九日舉行落成揭碑典禮－由張博雅、陳永興、民進黨主席黃信介、長老教會總幹事楊啟壽等人共同揭碑落成。然而，落成後仍多次遭到破壞．設計者詹三原也因為設計該座紀念碑，被中國國民黨政府逮捕入獄，服刑一年半，成為最後的白色恐怖受難者之一。

【紀念碑設計理念與意義】

此碑建立的過程中，受到的威嚇干擾不斷，設計者甚至因而入獄。提醒著我們，應感念前人堅持在威權時代，作世人的鹽和光，施行公義於人間。二二八紀念碑的外觀為純白，碑樣上呈現二二八事件發生日期「1947」與「228」的字樣，表現當時的肅殺氣氛與此事件的意義。紀念碑位在嘉義市彌陀路上，忠義橋橋頭，由福爾摩沙高速公路轉往嘉義市方向可達。因紀念碑純白造型常遭破壞，嘉義市政府後來將碑上「1947」字樣塗上灰色反光漆，助夜間之行車安全。

走筆至此，我想當年承受巨大社會壓力的牧師、原住民青年與運動先進，有此道德勇氣將大漢沙文主義的吳鳳銅像拉下，進而改立象徵台灣主體精神的二二八紀念碑。今日的我們，也應該加速淘汰象徵威權的蔣介石銅像，真正落實轉型正義。

【附錄】《落雨彼日》——替 228 罹難者寄未亡人

引述台語詩人——呂美親小姐，獻給二二八受難者家屬的詩作：

「落雨彼日，天氣悔悔反冷。田頭圳水吳巡，田尾稻花袂；菸才剝離，稻期接續，日子免閣疏開。」

「彼日了後，月娘就恬恬毋走，據在風透、無管雨刮，徛佇天邊，陪汝聽候。」

後記中提到，二二八見證者李君瑞先生講起水上機場附近那段記憶：「一台牛車，我們四個人扛幾十個，他們腹內腸子動的聲音，到現在還記得。我們扛去北回，直接推進溝底疊齊，直接用土掩上。現在埋在哪裡，都不記得。」

參考資料：

＊〈財團法人二二八紀念基金會－二二八平反運動紀要〉
（來源：http://www.228.org.tw/pages.aspx?v=E8A16697235ABE57）

＊ 邱斐顯〈走上街頭，台灣牧者傳奇林宗正〉
（來源：第四屆北台文史與資產保存學術研討會 http://ir.lib.au.edu.tw/bitstream/987654321/3384/1/122-148.pdf）

＊〈鄭南榕基金會部落格：2012/5/26 那個時代：戒嚴時代…座談會紀錄〉
（來源：http://nylon2012.pixnet.net/blog/post/117268299-2012-5-26-%E9%82%A3%E5%80%8B%E6%99%82%E4%BB%A3%EF%BC%9A%E6%88%92%E5%9A%B4%E6%99%82%E4%BB%A3%E2%80%A6%E5%BA%A7%E8%AB%87%E6%9C%83%E7%B4%80%E9%8C%84）

＊ 鄭南榕，〈嘉義紀念碑歷史－吳鳳碑〉
《自由時代 第二五八期（1989年01月07日）》
（來源：http://www.nylon.org.tw/index.php?option=com_content&view=article&id=3:198817&catid=2:2009-04-05-16-41-44&Itemid=9）

＊〈說一九八九年建造全台第一座二二八紀念碑〉《民報》
（來源：http://www.peoplenews.tw/news/944d1564-50aa-4c22-8473-ac18f22a5e1b）

＊ 呂美親，《落雨彼日》，台北：前衛出版社，2014。

／從思考二二八到共生靜態展的想像——我的參與經驗與書寫／

呂昂樹

從小，我的課業一直不錯，不論數學、幾何、英文或生物，但我一直對於歷史相當苦手，該背的課文我都背起來了⋯⋯，為什麼，到最後考試要考的我甚至連題目都不確定他想問些甚麼？到了大學才漸漸發現，原來考試所問的問題並不像國高中那樣有個確定的答案，而且不只是考試上的題目沒有確定答案，甚至以往學測指考上那些有著標準答案的問題，都沒有了正確答案。

用明示或暗示的方式鼓勵學生去追求一個簡單的解釋，這一直是台灣國高中教育上最讓人詬病的地方，因此，不管對於甚麼，我認為理解到所有事情都是複雜的，這是很重要的一件事。將這樣的觀念套回歷史課本裡面，了解到所有的歷史事件都是被因果的鎖鏈牽扯再一起的，再回過頭看二二八，還有大家對於二二八事件的解讀。不管是「蔣介石應該要負全部的責任。」、「國民黨屠殺台灣人民。」、「官逼民反！」或者是「台灣的土匪作亂，所以國民黨政府清剿。」、「國民黨政府只是做了該做的事情。」或者其他對於二二八事件的簡單總結，我想那都是一種過於簡略的描述。

「二二八極為錯綜複雜」，這是二二八國家紀念館對於二二八事件概述的第一句話。事實上，近年來許多人抨擊，大家只有在選舉的時候才會想起二二八的受難家屬，暗示著大家只是想利用二二八慘案去反對國民黨。反過來看這幾年國民黨對於二二八事件的態度，幾乎每年二月二十八日國民黨也會舉辦二二八的紀念活動，而時任的黨主席每年都不外乎道歉，然後提醒台灣人民，政府花了很多錢在補償受難者家屬，紀念館、碑文能做的都做了，大家不要再消費二二八來反國民黨了！

通常，舉辦歷史事件的相關紀念活動，最大的意義是在於撫慰生者，並且藉由每年不斷的回想，進一步去思考該事件的成因以及避免悲劇再度發生。然而綜觀二二八事件，許多文獻也探討到造成二二八的因素，不論是事前的民生問題積怨造成官吏不得人心，或事後的政府內部以及與民眾之間溝通不良等，最應該為此事負責的就是政府，而當年的國民政府，不就是現在的國民黨政府嗎？那麼要求國民黨回頭看看自己做過的那些荒唐事，要求他們道歉是一件很過分的要求嗎？轉過頭回想國民黨政府的道歉，其道歉文內容不斷明示或者暗示，現在的政府跟當年造成二二八事件的政府已經不相關了，也有民眾認為「二二八事件多已經過了六十多年，碑也立了，賠償也賠了，道歉也道歉了，民進黨等泛綠陣營綠軍和二二八家屬到底還要怎樣？」

我相信不只國民黨支持者或反對者不知道國民黨為何道歉，就連國民黨自己都不知道每逢二二八的道歉所為何事有一群人打從心底的認為現在的國民黨跟以前的國民黨早已不同，為什麼現在的國民黨要為過去的國民黨道歉？為什麼陳進興犯罪，大家會要求罪不及子孫（還會有民進黨律師為他辯護），國民黨犯錯卻要牽扯到現在的國民黨呢？

看看陳進與，他最終也是必須在法庭上聽候一個代表公正的機關宣判他，有關於他自己所做的事情的判決，然後遵從判決，為他自己的行為負責，不論那樣的負責是死亡或者是人權的被剝奪。回首二二八，當一個政黨挾持國家機器對人民做錯事的時候，又有何種機制可以審判這樣的政黨；又，當這樣的政黨持續把持著行政、司法、立法權長達四、五十年時，受害者家屬在政黨影響力鋪天蓋地的籠罩下，又該項向何處尋求一種代表公正力量的幫助呢？而現今，這個仍舊把持著的諸多權力的政黨，告訴我們，他們該做的、能做的都做了，希望受害者不計前嫌，這樣自導自演的戲謔劇，我想就連陳進與也看不下去吧。缺乏一個代表公正的第三方，針對慘案進行調查、研究，在某種程度上，這也正是國民黨屢屢道歉，卻總是招惹嫌惡的最大理由。

另外，曾聽過某場演講，主講人談論二二八時，完全屏除了口述記載，並宣稱口訪內容極為不可信，最可信的資料應該來自於政府紀錄。二二八事件早就寫在官方文件上了，就是一起諸多巧合所累加的慘案，不過政府也僅僅是為了維護政府的穩定而開槍鎮壓那些所謂的暴民。而現今的爭執，幾乎都是政黨為了政治所操弄，故意偏信那些非政府提供的口述資料，最大目標就是為了反政府。先不論該名講者為何身為歷史研究人員，卻喜愛為歷史事件下個簡述，而且不斷暗示歷史僅僅是這樣。二二八事件的背後本身就有著政治派系之爭的影子，就連二二八紀念公園的選址、評圖到建立就是一場官方與受難者家屬對於歷史詮釋權的角力。何以有人說談論歷史事件，談論二二八就必須將政治的影響力剝除，否則會影響我們對歷史的判斷？當我們正在談論一件與政治利益交纏的歷史事件時，剝除了政治，我們所能看到的歷史，又豈是完整？

考慮歷史，思考政治，再由政府、民間甚至反抗者的角度出發，二二八事件就如同其他歷史事件一樣，是一股由眾多力量絞成的粗索，當我們因為任何理由不去探討任何一件史料，都只會看到這條粗索的部分，猶如瞎子摸象。但，這麼「錯綜複雜」的事件，他所橫跨的時間在台灣歷史上也不過如白駒過隙，歷史課本中必須要用有限的字數，盡可能的闡述所有面貌，是不太可能的。就算用了整個展覽館，也不太可能詳盡的將所有參與者的角度呈現出來，當我們必須在有限的空間或者時間內傳遞一件極其複雜的「歷史事件」時，我們到底應該如何取捨？這也是我們在舉辦第三屆共生音樂節靜態展的時候，所面臨的問題。

面對一整件，由當時的知識份子、普通的鄉村民眾加上國民黨政府看守台灣的官吏，所交織而成的複雜事件，我們要怎麼用一片空地重現。又該怎麼拿捏，不要讓過多的情緒被揉合進我們籌畫的展覽中。這些思慮辯論到最後，我們決定將所有的情緒全部割除，按照時間地點，將大小事件按照參與人士的身分，全部列在一張長達七公尺的白紙上。光是一條一條將所有大大小小的事件列出來，就煩躁的讓人想放棄，其中更有許多被記載在官方紀錄上的事件讓人情緒激動，像是因為聽不懂官方的戒嚴廣播而被士兵開槍射死在返家路上的勞工，或是為了身懷六甲的妻子以及年幼小孩必須出門尋找食物的醫師，這樣的事件其實層出不窮，雖然最後在我們的展覽中僅僅占了一行字的篇幅，但這些事件都讓我在整理時，情緒激動甚至一度無法繼續。最後仍然是屏除了所有的情緒，將官方記載、民間口述等資料上的事件一條條按照地區時間以及參與者身分區分，列在了紙上。

完成了展覽品後，其實我自己心中是相當忐忑的。想著這樣的資訊，應該無法吸引大家的目光，更有可能模糊了我們所希望表達的意見。但出乎意料的，因為這張紙而駐足的人數遠遠超乎我的想像，對談後發現，原來很多人會想知道自己住的地方在二二八時到底發生了甚麼事，更有些人看著時間軸對於二二八有了自己的解釋，而那些參與者的身分也讓一些人理解到原來二二八不是某些人口中單方面的反政府行動。原本我為了吸引人而準備的講稿（我很慶幸我的講稿沒有派上用場）那些針對時間地點身分所頗剖析的角度，卻都在參觀人口中聽到了。這張展覽紙彷彿讓參展的人對於二二八重新化為一張白紙，透過大小事件的排序，重新建構了不是從課本、不是從名嘴而是發自自身的二二八闡述。

我的專業不是歷史，而是生物，在生物學上，我篤信多樣性的真理。我無法重回到二二八事件的現場，我永遠無法得知像是陳儀在總督府被抗議民眾包圍時到底做何感想，我也不可能知道蔣介石人在中國接獲台灣有亂事時想的是甚麼，為什麼雄中建中的學生會想要武裝起來。諸多的為什麼，其實我們早已無法探究，僅能用不同的方式逐漸接近當年的真相，當每個人都有了自己的想像，對於這件歷史公案有了不同的解讀，才有可能激發出討論的火花，有了這些火花才有可能讓人們超脫現有的框架，讓事件的真相漸漸在討論之中浮現。

五

未竟之業

／踏上與遺忘及時光鬥爭的第一哩路

范耕維／

為了避免閱讀這篇文章的朋友們睡著，在開頭的第一行，我想先提醒這是一篇關於「轉型正義」的文章。畢竟，轉型正義不同於其他議題，「展望充滿希望的未來，然後讓我們一同熱血的奮鬥下去」並不是這個議題的主旋律。相反地，轉型正義必須先面對幽暗的過去，才有迎向未來的可能。這一點差異上，轉型正義就牴觸了人類「向前看」的天性，而發掘歷史中黑暗的那一面，更讓人有種「不如遺忘」的衝動。台北市長柯文哲在評論台灣轉型正義階段報告《記憶與遺忘的鬥爭》時，脫口而出「這適合安眠用的」，確實，這有點白目，但卻很真誠地表現出社會大眾對於轉型正義的感覺。

面對這麼一個在台灣關注度較低又具爭議性的議題，開始下筆後的心情，與當初爽快答應撰寫本文時截然不同，深怕一篇文壞了一本書，讓更多人失去對於轉型正義議題的關注。因此，為了讓讀者們可以快速瞭解此議題又不感到艱澀，筆者決定將本文定位為導讀性質，以讓讀者在保持清醒的前提下瞭解轉型正義為主要目標。

本文內容上由三個面向切入。首先，簡單說明轉型正義的概念內涵，接著從轉型正義的各面向出發，簡介不同國家、不同歷史脈絡下，不同的轉型正義形式。最後觀察台灣的現況，檢討台灣轉型正義工作的得失，並以共生音樂節為出發點，希望與大家一同思考台灣新世代轉型正義工作的樣貌，並展望未來的各種可能。

【一】轉型正義是什麼？

首先，我們先簡單定義什麼是轉型正義，「轉型正義（transitional justice）」指的是對於國家在經歷民主「轉型」後，處理「正義」的工程。依《記憶與遺忘的鬥爭》一書中，引用聯合國安理會於二〇〇四年「法治與衝突中及衝突後社會的轉型正義」之報告中的定義，轉型正義被定義為「轉型正義的理念是一個社會處理大規模濫權的遺緒，所進行和建立的所有程序和機制，其目標在確立責任、服膺正義並成就和解」。

對於上述定義更進一步解釋，所為「轉型」指的是由反民主、反人權的專制獨裁體制，改變為走向以自由、民主與人權為核心價值的民主體制的轉變。因此，轉型正義是以「民主轉型國家」為討論對象，是在這些國家「民主化」過程中的核心議題。在這個轉變的過程中，對於昔日專制獨裁體制下，受到侵害的人權與受迫害的受難者，國家對於過去不正當的國家暴力行使，應如何審視與矯正，給予受迫害者與整個社會合於正義的處理方式，就是轉型正義的課題。

所謂的「正義」，包括「處置加害者的正義」、「回復受害者的正義」與「發覺歷史及真相的正義」。也就是對於民主轉型前的政權所犯下的罪行與不義行為，進行包括舉發不義行為、真相的發掘與重建、責任追究、受害的彌補、受難者的表彰、歷史教育、制度與機構改造與整體社會和解的工作。這些工作不僅針對特定個案為之，也包括對於國家整體所為的措施。

綜上所述，可統整出轉型正義工作的面向有三──「對加害者的咎責」、「對受害者的補償」、「對歷史與真相的解明」。此外，若參考學者周婉窈的看法，轉型正義的落實包括四項必要工程：（一）究明真相、（二）釐清責任歸屬（追究責任）、（三）道歉、補償、與築記念碑等、（四）確立防止再度發生的機制。關於轉型正義落實工作，本文會在後面詳細說明。

【二】轉型正義的價值及與人權的關係

說明轉型正義工作的具體內容之前，必須先說明轉型正義工作的價值何在。由於轉型正義的工作，並非僅有展望性地思考未來應如何落實的面向，其核心內涵也包括對過去歷史回顧性地發掘。因此，轉型正義最常受到的質疑就是「我們應該向前看，老是在意過去的事情，有什麼意義？」。最明顯的例子之一，就是台北市長柯文哲與立法委員林昶佐（本文撰寫過程中，已經由候選人成為新科立委）的座談中，對於為紀念蔣介石而設的「中正紀念堂」，其存廢與呈現方式，柯文哲表示「能不能把歷史當作歷史看待」、「不滿意，但可以忍受」，並認為應建立忍受、容忍的文化。

但是，歷史真的就只是讓它過去，一切就天下太平了嗎？歷史的價值只是逝去並被遺忘而已？本文的答案當然是採取否定的看法。對於這種疑問的回應，正是說明轉型正義工作其價值與意義的方式。轉型正義的價值與意義，可以由「國際轉型正義中心

（International Center for Transitional Justice）」對於轉型正義的定義中加以觀察：

轉型正義是對於過去制度性大規模人權侵害的回應。它的目的是讓受害者獲得肯認，同時也提升和平、和解與民主的可能性。轉型正義並非特殊型態的正義，而是以歷經普遍性人權侵害的轉型社會為對象的調適性正義。

簡言之，當我們選擇告別極權體制，以民主體制及自由等價值為核心時，透過轉型正義的落實，得以使我們整理過去的錯誤並宣示告別錯誤的決心。以此為基礎，在建立民主體制的同時，建構其新價值與正當性。以下，可以由兩點來理解轉型正義工作的價值何在：

（一）、建立穩固民主與人權的價值，避免重蹈覆轍與重現歷史悲劇

首先，歷史絕不能只被當作是歷史看待。「漠視歷史的人，終將成為另一次的受害者」，透過對歷史真相的解明與分析，可以使我們了解歷史悲劇發生的原因，並且避免悲劇重演。透過轉型正義工作，能夠了解獨裁與極權體制誕生的原因，以及該體制對於人權侵害的狀況，於是能避免同樣的體制再度出現並造成再次的人權侵害。更進一步透

過歷史教育，將這些資訊傳遞給下個世代，對於歷史悲劇的思辨能更深化民主價值，讓悲劇的因子永遠地遠離我們。

為了避免悲劇重演，必須思考獨裁政權與國家機器間的關係。與民主體制不同，獨裁體制下的國家機器，由少數人或集團所掌控，以納粹掌權的第三帝國為例，除了透過軟性的教育與宣傳控制人民思想，也透過秘密警察與集中營等方式，利用國家機器的運作，對於異議者進行任意的逮捕、拘禁與處決。或如阿根廷的軍事政權對於異議者所採取的「骯髒戰爭」，以該期間中著名的「鉛筆之夜（La noche de los Lápices）」為例，異議者遭非法拘捕與刑求，之後遭到槍決。透過由統治者全面掌控的國家機器，以及國家機器中各層級人員的配合與命令執行，獨裁體制得以鞏固其政權與利益。透過轉型正義工作，審視與調查人權侵害的真相，對加害者咎責，並給予受害者平反與賠償，這些工作的目的絕非對加害者報仇，而是為了確立民主體制的價值。

透過轉型正義工作的落實，除了民主價值的深化，也包括對體制的改造。國家機器的運作，必定來自於「人」，包括不同階層的決策者、執行者與其設立的相關機構（監獄或集中營等）。透過轉型正義中真相解明的過程，我們得以了解不同階層的人，其應負起的責任，並對其進行咎責。咎責不僅僅是單純的懲罰，更能夠將體制內不義的因子消除，使轉型的不只是體制，還包括體制內的「人」。當「人」的部分也真正的轉型，才能夠避免過去不義的製造者，潛伏在體制內，並隨時透過民主體制賦予的機會，再度復辟，進而摧毀好不容易建立的民主體制，導致歷史悲劇重演。

（二）、建立共同歷史記憶，在真相之上尋找社會邁向和解共生的可能

轉型正義經常被曲解為「文革」，認為是特定意識型態在撕裂族群，無法放下過去，也妨礙人們展望未來。這樣的曲解之下，無怪乎轉型正義經常被污名化，甚至被認為是不重要的議題。

確實，「清算」是轉型正義的本質要素之一，但清算的真正意涵是「對於過去的整理與了結」，如同公司結束營業時的清算重整程序，只有把過去的歷史負債清算了結，在對於過去的共同理解上，這個社會才有團結與共生的可能。也就是說，真正撕裂族群的並非對於過去歷史的真相的追尋，而是選擇消極隱匿與無視歷史的傷痕，仇恨絕非來自於尋找真相與尋找共識，而是來自於壓迫受害者並要求其噤聲。

歷史真相的追尋是艱困的道路，這項工作必然牽涉社會記憶的塑造。如何兼顧不同群體間相異的記憶，透過轉型正義工作來形塑為共同的歷史記憶，也將影響一個社會有無和解的可能。就如常被關心轉型正義的人所提到的一句話：「代誌沒解決，原諒無可能」，或是第二屆共生音樂節時的口號：「毋通袂記」，都表現出了和解共生的基礎，來自於對過去歷史傷痕的清算、理解與共識的形成，這也正是轉型正義工作的目的之一。

【三】轉型正義工作的各面向

（一）、加害者咎責

柬埔寨法院特別法庭（又稱：紅色高棉特別法庭）（Extraordinary Chambers in the Courts of Cambodia）於二〇一四年，針對紅色高棉中僅次於波爾布特（Pol Pot）的第二號人物農謝（Nuon Chea）於紅色高棉時期的大屠殺與人權侵害，判決終身監禁，這是對於加害者進行咎責工作的一個代表性例子。但是，實際上各國的轉型正義工程中，對於加害者的責任追究，往往極度困難且具爭議性。

與二戰之後對戰犯進行審判的轉型正義不同，第三波民主化之後轉型成為民主體制的國家，面對威權體制下的人權侵害，對於加害者的責任追訴，面臨許多困難。第一，追究加害者需要依靠過往的歷史紀錄，但這些威權時期的紀錄真實度如何，是否足以作為咎責的基礎，常有高度爭議。第二，對於加害者的追究，往往可能被攻擊為對於政治鬥爭的手段，對於轉型後的民主體制與社會帶來不安與破壞。第三，對於責任追訴對象的範圍難以劃定，威權時期的人權侵害往往包括決策者與執行者，決策者對於人權侵害的因果關係如何認定即屬難題，此外執行者經常會以「不得不服從命令」作為抗辯理由，如何決定哪些行為可以非難與懲罰，都是法律與道德上的難題。

以東歐與德國為例，「除垢（lustration）」、「整肅（purge）」與「素行檢查（vetting）」等「行政正義」，成為轉型正義工作的重要部分。前者是以體制中某階層，以「類別」為基準，加以解聘，例如兩德統一後，對於前東德司法工作者與政府人員的解聘。後二者則是針對「個人」，審查其過去行為，進而決定是否剝奪其特定資格或解除其職務。但是，「行政正義」的執行強度與落實程度，往往有其爭議：反對者認為這是以道德為包裝，實質上進行政治鬥爭。此外，以「類別」為基準進行除垢，更可能侵害工作權。反之，贊成意見則認為確保公權力體系不再被濫用於人權侵害，對於聘任對象的過去紀錄進行審查，有其必要性。此外，對於威權體制下仍堅持捍衛人權與民主價值者，其言行紀錄的公開，除彰顯個人品格，更有助於確立民主與人權價值。

在這種爭議下，同屬鐵幕下的東歐各國，轉型後的除垢手段即有差異。以捷克與波蘭為例，捷克採取較為激烈的除垢手段，依其「除垢法」進行「去共產主義化」的工作，曾任職於共產政權中情治系統、司法機構、軍警、國有媒體、國營企業、國家銀行與國家教育學術機構者之高級員工，於五年內不得在公部門與學術部分擔任特定層級以上之職務。相對於此，波蘭的「除垢法」則以「資訊公開」為目的，將非難對象限定於「隱瞞過去者」，而非「為威權體制服務者」。欲出任或參選公職者，在波蘭必須填寫「除垢聲明」，表明其是否於一九四四年到一九九〇年間，為共產政權服務。這些資訊會公開，由人民在了解這些資訊後，選擇是否接受這些人進入轉型後的體制中。

但是，由於各國的歷史因素與政治環境不同，對於加害者咎責的手段選擇與追訴強度，也都造成不同影響。這些差異性是台灣參考外國制度時，必須注意的地方。以東歐與德國為例，由於威權統治時期，透過教育等方式，將共產政權的意識型態強制灌輸於全體人民，其影響範圍不僅限於對異議份子的人權侵害，而是以全體人民作為壓迫對象。因此，相較於拉丁美洲政權下，受害者多半為異議份子與政權敵人，東歐與德國在轉型正義工作上的強度與落實程度也相對較高。台灣在威權統治時期，同樣以教育與控制言論思想等方式，將特定意識型態強加於全體人民，若由這個面向觀察，則東歐與德國的轉型正義模式，似乎與台灣有相似之處。

但是，相較於東歐與德國轉型正義所遭遇的困境，拉丁美洲的轉型正義工作，往往遭遇威權時期掌權者依然擁有高度支持、過往威權體制灌輸的意識型態仍深植人心、威權時期掌權者仍控制軍事或經濟力量等問題。例如阿根廷軍事政權結束時，除了軍事政權於下台前訂立了「自我赦免」性質的「國家正義法」，正當化人權侵害的行為。對於新政權所設的真相調查委員會，採取抵制態度，甚至透過軍事力量發動軍事叛變，對抗轉型正義工作。如果思考台灣轉型正義落實過程中所遭遇的難題，相較於歐洲的狀況，拉丁美洲國家所面對的困難，其實與台灣所面臨者，更為相似。因此，台灣對於加害者咎責的難題，有其特殊的歷史脈絡，在參考這些制度時，應該多方了解，從而尋找出最值得借鏡的對象。

（二）、真相解明與真相調查委員會

轉型正義的落實奠基於對過去真相的發掘，只有了解過去發生的事實，才可能在理解與原諒中，尋求和解的可能。因此，「真相調查」成為各國轉型正義中過中，非常重要的一環。無論該國的轉型正義是否採取對加害者究責的路線，都可能採取真相調查委員會的方式。例如知名的南非「真相與和解委員會」，採取「和解」路線，將和解建立在願意述說真相的前提上。反之，世界上最早設立真相調查委員會的阿根廷，則是以調查結果為基礎，對加害者採取追究責任的方式。

南非的「真相與和解委員會」是最具代表性的真相調查委員會，主要調查對象為種族隔離體制時期的國家暴力與人權侵害。基於當時南非社會依然由白人掌握經濟命脈，為避免社會更加分裂以及國家動盪，在政治上採取必要的妥謝，於一九九三年南非過渡憲法中，排除大規模懲罰加害者的路線，以建立過去與未來的橋樑為主旨，並以一九九四年的「促進全國團結與和解法案（Promotion of National Unity and Reconciliation Act）」為基礎設立此委員會。

在此脈絡下，該委員會以「對加害者有條件赦免」為特點，在加害者完整交代罪行的條件下，給予其法律上的赦免。該委員會中，包括搜集受害者與證人證詞的「人權侵害委員會」、受理與審查個人特赦申請的「特赦委員會」、提出補償計畫的「補償與平反委員會」，其架構清楚表現了轉型正義工作中真相解明與受害者補償的部分，並希望透過這些工作，使南非社會達成和解，建構共同的歷史記憶。由該委員會成員戴斯蒙屠圖主教（Desmond Tutu）於《沒有寬恕就沒有未來》（No Future Without Forgiveness）一書中對轉型正義的看法，可瞭解其設立的背後精神：

我們任何人都無權說「讓過去的事過去吧」，然後揮手間一切就真的過去了。我們的共同經驗恰好相反—過去的一切並未消失、沉寂。除非我們能徹底解決一切，堅定地直視它的核心，否則它就會不斷回過頭來糾纏我們，甚至挾持我們。

不過，南非的和解路線，也遭致批評。例如加害者並非真心懺悔，而受害者也並非真心原諒，縱然公開宣示和解，實質上並未達成此目標。此外，放棄對加害者的追訴，可能導致人權被化約為赦免，除了對受害者不公平，也容易使人誤解人權的意義。反之，支持和解路線的看法則認為受害者透過訴說受害經驗的過程，搭配具宗教儀式色彩的場景或家屬與心理治療師的在旁陪同，得以重新建立個人的尊嚴。此外，也能強化民主體制的正當性與建立具人權的氛圍。更重要的是透過和解模式，得以使部分加害者願意說出真相，而這些真相是透過其他手段難以取得者。雖然南非和解路線背後的宗教思維，以及過去以種族膚色為建構的隔離體制，皆為台灣社會所無。但是，過去威權體制的掌權者仍對於社會與經濟有強大影響力，以及歷史真相隨著時間已越來越難追尋等面向，則與台灣社會有相似之處。因此，關於南非的和解模式，以及對此模式的正反意見，或許都是未來值得我們在落實台灣真相調查與制度化時，值得做為借鏡的對象。

（三）、被害者補償

對於個人受害者的補償始於二戰之後的「巴黎補償會議」，針對德國政府與曾使用奴工的企業，要求其對於受害者提出補償。對於受害者補償，包括了「物質上的賠償」與「社會對受難經驗的肯認」。透過前述真相調查的工作，使社會對於受難經驗及其付出加以肯認，除了對於受難者心靈上的撫慰外，也同時使這些受難經驗成為共同的歷史記憶，作為社會全體的共同資產，避免社會重蹈覆轍。例如南非的真相調查委員會，透過公聽會的方式，使受害經驗傳播於全國，除了對受難者的治療效果，也作為全體社會反省的開始。物質的補償則包括金錢上的補償、對受難者心理與生理上的治療等，例如台灣的「戒嚴時期不當叛亂暨匪諜審判案件補償條例」與「二二八事件處理及賠償條例」。

較為困難者是對於「受難者所受損失」的認定，除了較常見的「生命喪失」、「人身自由被剝奪」外，也包括「個人升遷機會與就業機會受限」、「受害者家屬遭受侵害」等。以南非的種族隔離時期為例，黑人由於種族因素，其就業機會受到極大的限制。此外，包括台灣在內，受難者除了本身受害外，其家屬也往往因此在社會上受到歧視，或在求學、求職過程中，受到特殊對待與限制。

最為困難者應屬「賠償手段的選擇」，縱然得以確認受難者受侵害，也肯認其應受到補償，但究竟應採取何種賠償方式，也往往成為重大爭議。主要問題在於選擇物質補償後，可能產生使加害者找到逃避責難的藉口（例如主張已經對受難者進行賠償，對於過去歷史的責難都是刻意撕裂族群、分裂社會），甚至造成「接受賠償等同放棄咎責」的錯誤認知。對此，本文認為賠償終究只是盡力彌補與回復受難者所受損害，由於轉型正義仍有歷史教育意義等價值，為了追求這些價值，賠償無法正當化過去的惡行，也無法透過賠償免除歷史責任與應受的非難。

（四）、紀念與歷史記憶

除了對加害者咎責與對受害者賠償，由於轉型正義肩負有建立社會共識、避免悲劇重演的重任，因此如何在轉型正義工作中，使歷史記憶被建構與保存，同樣是重要的任務之一。前面提到真相調查委員會的設置，其調查所得的「真相」，正是成為歷史記憶與紀念對象的基礎。

因此，當歷史真相的保存成為民主國家轉型正義落實的重要部分，將真相調查結果整理後出版總結報告，盡可能紀錄威權體制對人權的侵害，都是作為反省素材，避免悲劇重現的重要工作。除了文字紀錄外，以奧許維茲集中營的保存為例，透過歷史遺址的保存，更能讓後代直接接觸歷史場景，了解納粹對猶太人屠殺的歷史，以及避免種族滅絕慘劇再次發生，站立於歷史現場的直接衝擊與影響，可能比文字帶來的影響更高。

檢視台灣現況，包括景美人權園區或綠島人權園區的設置，其園區在過去分別是軍事看守所與關押政治犯的監獄。相較於書本上的文字描述，這些歷史現場的保存，都使我們得以直接體驗與瞭解白色恐怖時期軍事審判與政治犯遭監禁的樣貌。試著站在景美人權園區美麗島軍事審判的法庭現場，想像當年那群內亂犯被告與台灣的民主，或許更能體悟到，今日的民主與自由皆非天經地義，而是以血淚博得。或者，走訪一趟綠島，看著廣闊太平洋，對比身後囚禁青春生命的監牢，作家柏楊的那句「在那個時代，有多少母親，為她們被囚禁在這個島上的孩子，長夜哭泣」，將不再只是一串文字，你彷彿可以聽見依然飄蕩的哭泣聲，警惕我們這一切的可貴。

【四】台灣轉型正義的難題與未來

本文最終想關懷的對象，也希望未來我們能夠一同關注的對象，依舊是腳下的台灣。這個處在帝國邊陲，但始終又成為歷史紛爭中籌碼的島嶼，以及島嶼歷史中的每一個成員，都已經經歷無數次的政權轉換。一個經歷來來去去不同統治者的島嶼，所承載的始終是壓迫的歷史，而且這段歷史的全貌依然不在陽光下，而是在灰暗中。無論你是否認同它是一個國家，在每一段政權移轉的過程中，每個世代被壓迫的台灣人，不論它屬於哪個分類下的哪個民族，那些被壓迫的事實都確實存在而未被處理。如果轉型正義亟欲追尋者是在轉型過程中的，爬梳那些過去的不義，尋找還給受壓迫者公義的可能，建構真正公義的社會，那腳下的此處－台灣，正是一個等待光明照亮晦暗，一個期待轉型正義工作開始真正進行的所在。

確實，世界上已累積諸多轉性正義的案例，無論成功或失敗，都足以作為台灣轉型正義工作的參考對象。但是，由於不同國家或地域，轉型前後的政治環境、社會脈絡必然有所差異，因此要將任何理論與外國制度的考察結果，直接套用在政治環境極為獨特的台灣，肯定是極度困難，甚至可說是不可能的任務。因此，面對台灣轉型正義工作，在理解現有的理論與各國經驗後，勢必要將凝視的對象，轉回我們腳下的台灣。以下，我們一同觀察台灣轉型正義工作的現況與困境，作為思考未來走向的基礎。

（一）、由台韓比較思考台灣轉型正義的現況與艱難

本文以下先透過台韓間的比較，整體性地呈現台灣轉型正義有待努力的部分何在。挑選台韓比較的理由在於二者歷史背景的相似性，二戰之前台灣與朝鮮皆為日本殖民地，二戰之後二者皆被納入冷戰架構中，並成為美國在東亞地區的前哨，並同樣經歷獨裁的強人政治，並於威權體制下發生諸多國家暴力與人權侵害的案例。在相似的歷史發展軌跡中，台灣與韓國的轉型正義落實之路，卻有迥異的發展狀況，透過比較，或許可以思考台灣努力的方向何在。

確實，與台灣的轉型正義工作相同，韓國的轉型正義之路起始並非一帆風順，在由反對派出身且曾為政治犯的金大中總統執政之前，民主轉型初期的執政者盧泰愚，本身即是出身自掌控威權體制的軍方體系，之後的金泳三總統雖然是文人執政，但代表的依然是保守勢力。因此，民主轉型初期，韓國政府對轉型正義的消極態度，導致社運團體與在野黨都經歷了一段艱苦的奮鬥過程，直到金大中總統與盧武鉉總統的任內，轉型正義的工作才有較大的突破與發展。

今日，韓國針對威權統治時期責任追究與補償的相關法令，包括針對特定事件訂定之法規，以及針對該時期普遍性適用之法規。前者如針對一九八〇年「五一八光州事件」，於一九九〇年訂定的「光州民主化運動關連者名譽回復補償法」，後者如於一九九九年十二月訂定，通稱為「清算三法」之「民主化運動關聯者名譽回復補償法」、「疑問死真相究明特別法」及「真相究明犧牲者名譽回復法」，內容涵蓋「真相解明」與「受害者補償」等部分。此外，盧武鉉總統任內成立的真相與和解委員會，透過訪談、政府檔案調閱與集體墳場挖掘等方式，對於朝鮮戰爭與韓國威權統治時期在內的人權侵害，包括對異議份子的囚禁與殺害、箝制媒體自由以及由美軍與韓國軍隊造成的大規模屠殺平民等進行揭露，對於真相揭露的工作，帶來極大貢獻。

受害者補償方面，台灣目前已有「戒嚴時期不當叛亂暨匪諜審判案件補償條例」與「二二八事件處理及賠償條例」等相關立法，但真相調查工作仍然不足。確實，韓國的真相與和解委員會，欠缺起訴加害者的權利與強制傳喚證人的權利，而備受批評。但至少透過真相調查，使歷史內容可透過教育等方式，成為共同歷史記憶並防止重蹈覆轍。相對於此，台灣真相調查的工作並未法制化，且仍多半依靠民間組織的努力。由此比較中，重新檢視轉型正義落實的內容後，可以發現在「（一）究明真相、（二）釐清責任歸屬（追究責任）、（三）道歉、補償、興築記念碑等、（四）確立防止再度發生的機制」之中，台灣目前僅有第三點的部分，算是有在進行，但也難謂完善。

確實，韓國轉型正義的工作並非完善，當在台灣的選舉中，依然可見蔣家後代參選並當選的同時，韓國獨裁者朴正熙之女也正擔任韓國總統的職務，對於過去加害者與威權體制的反省，台韓都還有努力的空間。但是，相對於韓國激烈的轉型，由於台灣屬於「寧靜轉型」，伴隨而至的是學者若林正丈所稱的「分期付款式的民主化」，這一點也影響轉型正義的落實，使台灣相較於韓國，有待努力的漫漫長路也更艱辛。

（二）滿滿的紀念碑、紀念牆、紀念館與消失的加害者

上述第三點的轉型正義工作中，除了受難者的補償外，還包括紀念碑興築的工作。對此，目前台灣除了各地皆存在的二二八事件紀念碑外，景美人權園區中的人權紀念碑也已經於二〇一五年完工，並以紀念牆的形式，記載 7628 名白色恐怖受難者的姓名。除了紀念物外，每年的二二八當天，政府也會舉辦相關活動，並對受難者與這段歷史表達

歉意。如果單從形式面觀察，台灣關於這段歷史的紀念工作與道歉反省似乎頗有成果，但實質上討論「正義」是否落實，本文認為台灣依舊在尋找正義的迷途中。

注視著景美人權園區的紀念碑，數著 7628 位受難者的姓名，或是走到六張犁的「戒嚴時期政治受難者紀念公園」，望著那散佈於山丘上代表受難者的小石碑，或者走到新店溪畔的「馬場町紀念公園」，看看代表無數英靈命喪此處的土丘。如果能夠察覺二二八事件與白色恐怖間差異的朋友，或許會想到，相較於具有審判程序與相關記載的白色恐怖時期，未經審判即剝奪生命的二二八事件，又有多少難以「被紀念」的受難者。如果腳下的土地存在如此龐大的受難者人數，他們的生命必然是被某人所剝奪。但是，在台灣卻出現「僅有受害者而無加害者」的荒謬狀況，時至今日，「誰」作為加害者，剝奪了這麼多人的生命，依然是一個無解的難題。或者，更具體來說，這是一個可能有明確答案，但卻無法被言談與討論的禁忌。如此的氛圍，有誰敢宣稱台灣已經落實了轉型「正義」？

確實，檢視各國轉型正義工作的成果，能夠真正追究加害者的案例並不算多，更多的是失敗的案例、不作為的案例，以及善終的加害者、依舊享受龐大政治資源的加害者後人。但是，台灣的問題不在於「做了但失敗」，而是在於「避而不談」。當真相解明作為轉型正義不可或缺的基石，讓劊子手的名字缺席，讓兇手的形象空白，本質上就是正義未能完成的表現，也代表難以獲得真相。當台灣轉型正義階段報告引用米蘭昆德拉的名言，認為轉型正義是「記憶與遺忘的鬥爭」，本文認為有一個被遺忘的鬥爭對象，就是「時間」。隨著時間的流逝，與受害者一同告別世界，包括了加害者，也同時包括了真相。而加害者在真相發掘中的缺席，也將註定「達成共識」的工作是加倍艱難－也或許台灣社會的共識是要求受害者隱忍傷痛，並以避免撕裂社會的謬論，要求對加害者的討論噤聲，那這個社會將沒有走向正義的一日。

或許，何人是加害者尚有討論的空間，加害行為的原因也有討論的空間。但當無數證據顯示蔣介石干預審判，以個人意見「此人為何不判死刑」、「應嚴為復審」等干預司法，並透過司法體系剝奪無辜者的生命、自由與青春。「誰是加害者」、「誰應負起責任」的問題，就已經到了討論的時刻。立法委員林昶佐與台北市長柯文哲談論「中正紀念堂」的對話中，前者曾提出應將蔣介石功過並列供人討論的建議，而後者則以「歷史就讓它是歷史」回應。這一段回應所反映的正是這個社會欠缺「正義」要素的現況，一個連客觀討論的機會都加以剝奪的艱難狀況。本文認為再多的形式紀念物與紀念儀式，都無法彌補這一切，台灣轉型正義落實永遠停留在「要求討論者沈默」與「逃避討論真相」的死結上，不跨出這一步，轉型正義將只是口號與幻想。

（三）、轉型不正義與惡化中的台灣民主

台灣轉型正義未能落實的困境，並未止於「無法落實」，更嚴重的是「轉型不正義」

的狀況。學者吳豪人曾指出，解嚴雖然標示著威權體制的終止，但在台灣，「正義」並未轉型，反倒是歷史的「不義」轉型並且進化，而所謂「轉型不正義」包括了四項特徵：（一）具備民意基礎、（二）依照民主程序立法、（三）依法行政、（四）司法背書。

本文認為在這樣的背景之下，過去曾長期掌控台灣威權體制的政黨，以及曾為該體制服務的政治人物，在自身的歷史責任尚未被清算並解決的狀況下（例如迄今未解的中國國民黨黨產問題），反而可以透過民主機制，重新掌握政權（例如：過去曾反對總統直選的馬英九，卻可以靠著民主的投票機制成為總統），並透過全面性掌握行政權與立法權，對於轉型後脆弱且尚未成熟的台灣民主，再次造成傷害。

以二〇一五年曾引發「反課綱運動」的歷史教育為例，轉型正義長期未能落實的狀況下，關於台灣民主發展史的內容，以及過去曾發生在台灣的悲劇，都未能在課本中成為重要內容，並透過教育，避免悲劇重演。在這樣的前提下，執政者更試圖透過有問題的程序，影響歷史教育的內容。這就是一個明顯的例子，當過去的執政者曾試圖隱藏台灣的歷史悲劇，試圖以教育方式消滅台灣的語言，當轉型正義工作未能落實，該執政者再次掌握權力時，利用體制再次造成不正義的惡果就會發生。當轉型正義未能落實，台灣島嶼上威權的惡靈就不會消失，並隨時準備威權復辟，對於人權與民主造成更大的傷害。

（四）、透過法律落實轉型正義的嘗試可能性

目前台灣僅在補償被害者部分有相關條例，加害者咎責與真相解明部分，不同於韓國真相調查委員會以及設有真相解明相關法規，目前多依賴民間團體之努力，法律面向的發展則有所不足。目前檔案法中，並沒有區分一般檔案與政治案件檔案，兩者採相同標準處理。此外，檔案法第18條賦予國家對於機密檔案不公開的權利，但對於機密的認定標準卻模糊不明，使真相解明的工作更加困難。本文認為補償工作的基礎皆建立在真相的揭露，也只有公布真相，才能更深化民主價值於台灣社會，避免歷史悲劇再度上演。因此，真相解明的制度設計，包括修正現有檔案法或制定特別法等，都可能是台灣未來值得努力的選項。

除了真相解明的相關法規，針對中國國民黨黨產的追討與清算，「政黨法」相關規定的修正，也將是台灣轉型正義落實不可或缺的一環。此外，針對戒嚴時期受難者相關案件，未來如何處理大法官第二七二號解釋與國安法第九條的限制，甚至透過訂定特別法與設立特別法庭，使這些案件得以重啟審判，在歷史法庭之外，在實質上的法庭中也獲得應有的正義，都是未來透過法律面向落實轉型正義的課題。

（五）、擴大討論面向與觀察視角與正義的追求

如果要思考未來轉型正義工作在台灣，有沒有更進一步發展的可能時，本文認為可

以由「擴大討論對象的面向」與「嘗試不同討論視角」，追求更徹底落實轉型正義的出發點。

所謂「擴大討論對象的面向」指的是在發掘真相的過程中，將關心的對象擴大。以二二八事件為例，包括林茂生、湯德章、王添　等受難者的故事，在近年二二八事件的紀念過程中，已逐漸被廣為人知。但相較於這些當時屬於「菁英」階級的受難者，或許有更多國家暴力下的受害者被遺忘，而使我們失去更多討論面向。若以空間的關係舉例，由於學生的理想性與行動力，「校園」空間即是一個可以注意的對象。白色恐怖時期的四六事件、台大哲學系事件、陳文成事件等，都是以校園為背景。當我們發覺過去的真相並討論威權體制對於台灣的傷害時，「校園空間」即是一個值得討論的對象。更甚者，轉型正義的落實方式中，也可以校園為出發點，思考如何由校園開始（例如近年知名的銅像退出校園或教官退出校園之主張），將轉型正義的理念推廣至整個社會。

此外，若以「社會階層」、「族群」與「性別」，也都是有待擴充討論範圍的面向。在菁英階級的受難者之外，許多受難者的名字並未被記憶，而是如其屍骨般，掩埋於荒野中。對於族群的討論，往往忽略台灣原住民在台灣歷史上所受的壓迫（東寧王國時期、清帝國時期、日本時期與國民黨政權時期的長期受壓迫），也忽略其壓迫角色外，面對威權體制，具有能動性的角色（例如在二七部隊的組成就包括原住民族）。

所謂「觀察視角的多元化」，指的是在發掘真相與討論加害者與被害者身份的過程中，可以嘗試以不同視角進行觀察。例如過往關於二二八的論述，經常以「光復後」與「省籍衝突」作為觀察視角。在這個視角下，二戰後移民台灣者經常被簡單化約為「加害者」形象，或如「台灣吧」在關於二二八的節目製作中，簡單將二二八化約為「本省人打外省人」的單一面向。事實上，包括二二八事件與白色恐怖時期在內，受難者中也包括大量的二戰後移民，例如澎湖發生的七三事件。如果嘗試理解二戰後移民「具有不同社會階層」、「具有不同政治思想」、「與台灣存在多種語言相同，戰後移民同樣具有不同語言」等特質，由這些特質進行觀察，即可發現戰後移民同樣面對因政治思想而遭受迫害、族群語言被消滅等侵害。如此一來，「省籍衝突」就難以作為解釋台灣戰後政治環境的適當視角，而所謂加害者與被害者的形象，也同樣難以用移民時間先後或族群作為區分。此外，若從「統治政權的更迭」與「國家暴力」的角度來思考，或許也會比過往的視角更具妥適性。

（六）、悲情與嚴肅之外的可能—轉型正義工作的積極取徑

最終，在展望台灣轉型正義的工作前，或許我們也可以思考未來應以什麼樣的態度或取徑，推廣轉型正義的理念，以及舉辦相關的活動。同時，這一點也與當我們進行真相解明，並重新尋求歷史共識時，應採取什麼樣的態度有關。確實，台灣的歷史一直都有著灰暗的一面，在帝國的利益糾葛間歷經不同的統治者，承受作為被統治者的命運。

當我們談起轉型正義，也往往帶著深刻的哀愁，以及將台灣的歷史建立在消極與屈從的想像上。這一切也反映在許多紀念活動上，往往採取較為莊嚴肅穆的形式，與較為低調消極的路線。

但是，當我們試著由被統治者的另一面，以「反抗者」的角度，檢視台灣的歷史。試著回想原住民對抗歷代的外來統治者、日本時期的各種抗日行動、二二八事件中的二七部隊、白色恐怖時期鹿窟基地的游擊隊，乃至於主張台灣獨立並為言論自由而犧牲的鄭南榕與許多先烈，台灣的歷史也可以是在壓迫中試圖掙扎與反抗的歷史，近年台灣青年們發起的一場場社會運動，也呼應了這樣的觀察視角。

因此，當爬梳台灣的歷史，對於過去進行真相解明，並進而尋求歷史共識時，或許這樣積極的視角，是值得發展的一條路線。而當青年世代投入轉型正義的工作時，這樣的路線，或許可以延伸出一條不同以往紀念模式的路線，發展出一條更多元而積極的行動方式—不再哀傷，不再只是緬懷受難者，而是帶著憤怒、期盼或希望，向反抗者與行動者們致敬，積極探索歷史、尋找共識、推廣理念與和解共生。

【五】小結—對台灣轉型正義的展望

一方面，考慮到文章的性質是對於制度與現象，進行廣泛的介紹性工作。另一方面，本文的目標是讓大家對於轉型正義有基礎的瞭解後，除了閱讀本書其他文章，也可以開啟自己對轉型正義的思考。因此，本文中盡量避免呈現筆者自己的想法。但在本文最後，筆者還是想以共生音樂節與青年世代為出發點，偷渡一些自己的看法，也希望可以跟閱讀者相互激發出關於轉型正義工作更多新的可能。

首先，作為青年世代，一方面已經擺脫許多歷史的包袱，可以客觀地去面對台灣歷史的難題，並且採取新的理解方式去思考如何處理這些難題，並且以青年世代為起點，去尋找台灣社會走向和解共生的可能。另一方面，由於青年世代以網路作為資訊傳遞與獲取知識的工具，加上近年台灣文史的相關資訊日漸普及（以轉型正義相關書籍為例，近來已有台灣民間真相與和解促進會出版的轉型正義階段報告《記憶與遺忘的鬥爭》，另外關於白色恐怖時期的相關資料，也有以遺書為主要焦點的《無法送達的遺書》出版面世，以述說歷史之外的方式，透過遺書讓人們更能感受那個時代的氛圍與哀戚），青年世代得以更快速地獲得資訊，並大量傳播於更多群眾。這些，相較於過去轉型正義工作的前輩們，在他們為我們奠定的基礎上，新的世代站在一個更有利的位置上，進行轉型正義的工作。

在這樣的基礎上，不同於前一世代對於二二八或白色恐怖的紀念形式，以共生音樂節為例，擺脫了較為嚴肅的方式，呈現出新世代轉型正義工作的另一種可能。本文認為不論活動的氛圍是嚴肅莊重，抑或多元積極，都是轉型正義工作不可或缺的面向，只有在二者的相輔相成中，透過嚴肅的紀念方式，去記取歷史的教訓，去重視台灣歷史傷痕帶來的裂痕，透過積極多元的紀念方式，將解明的真相傳遞出去，使更多人關注轉型正義議題並一同思考未來，台灣轉型正義工作才能有更穩固的基礎。

回顧三年來共生音樂節的進行，一方面呼應積極面向與多元手法的精神，透過軟性的音樂表演與短講等舞台活動，試圖擴大關心二二八與台灣歷史的人口。另一方面，透過展板與真人圖書館等方式，由單向傳輸資訊的方式，發展為具有互動性的活動模式。第三屆共生音樂節時，更加入地景小旅行的活動，透過實地走訪二二八歷史場景的方式讓群眾更接近歷史。而在本屆的共生音樂節系列活動中，除了大量的講座之外，更將討論範疇擴張到女性、原住民以及二二八後的三月屠殺，漸進地擴張討論的範圍與元素的多樣性。這些都不停增加共生音樂節的多元性質，也是青年世代進行轉型正義工作時，值得繼續維持的方向。

但是，在希望採取多元與積極的路線時，也同樣有需要注意與警惕之處。由於轉型正義工作涉及歷史傷痕，在朝向多元化的路線發展時，對於傳遞出去的歷史論述，必須顧慮受難者與其遺族的感受，也必須注意是否造成不正義的反效果。以第三屆共生音樂節為例，活動中播放「台灣吧」對於二二八事件的介紹，由於該影片未能走出「省籍衝突」的論述，更維持「只有受害者，沒有加害者」的論述方式，引發諸多爭議。對此，如何拿捏推廣轉型正義與紀念轉型正義間的界線，將是未來必須注意的難題。

不只是共生音樂節，隨著越來越多年輕世代開始關心台灣歷史，並透過網路的力量呈現快速的成長，我們可以期待更多轉型正義的相關活動在台灣遍地開花，如同台灣大學學生與校友們對於紀念陳文成的奮鬥，如同成大學生對於南榕廣場的爭取。二二八之外，長達三十八年的戒嚴與白色恐怖曾籠罩這個島嶼的每一寸土地與每一個恐懼不安的靈魂，有太多轉型正義工作需要在島嶼上遍地開花。在二二八之前，歷經不同統治者的台灣也存在許多歷史的傷痛，日本時期的慰安婦問題，或更遠之前台灣原住民受到的迫害，無論受難者是否已經遠離這個世界，那些傷痕也都必須面對，歷史也必須作出評價，在黑暗的過去之上，才能重建具有光明未來的台灣社會，一個擁有共識且不願再重蹈覆轍的社會。

最終，本文想引用二二八平反紀念活動的發起者之一的鄭南榕先生的話，來說明轉型正義工作的重要。這段話是由其遺孀葉菊蘭女士所引述，那場在戒嚴時代挑戰黨國禁忌的二二八平反活動，堪稱轉型正義工作的起點，而這段話至今依然擲地有聲，足以作為台灣轉型正義工作的註腳：

二二八對台灣來說，是化膿的傷口，它讓台灣人痛到呼吸困難，它讓台灣人充滿恐懼，不敢參加公共事務。沒有平反，就沒有醫治，傷口只會繼續化膿。所以，平反運動是非做不可的。

讓我們努力下去，一同記憶歷史的傷痕，一同珍惜自由的空氣，一同追求一個不再犯錯、彼此理解的共生社會與生活方式。不只為了我們，也為了這島嶼生活的世世代代，也為了記住那一顆顆美好而偉大的種子。

參考資料：

一、專書：

＊台灣民間真相與和解促進委員會編，《記憶與遺忘的鬥爭——台灣轉型正義階段報告書》，台北：衛城出版社，2015。
＊呂蒼一、林易澄、楊美紅、羅毓嘉、胡淑雯、陳宗延，《無法送達的遺書：記那些在恐怖年代失落的人》，台北：衛城出版社，2015。
＊戴斯蒙．屠圖（Desmond Tutu），江紅譯，《沒有寬恕就沒有未來：彩虹之國的和解與重建之路（No Future Without Forgiveness）》，台北：左岸文化，2013。

＊ 布魯斯・康明思（Bruce Cumings）著，林添貴譯，《朝鮮戰爭：你以為已經遺忘，其實從不曾了解的一段歷史（The Korean War: A History）》，台北：左岸文化 2013。

＊ 陳翠蓮、吳乃德、胡慧玲，《百年追求：臺灣民主運動的故事》，台北：衛城出版社 2013。

＊ 徐勝，《東アジアの国家暴力と人権・平和》，東京：立命館大学法学叢書，2011。

二、電子資料：

＊ 周婉窈，關於「轉型正義」的補充說明及其他：https://tmantu.wordpress.com/2012/12/14/ 關於「轉型正義」的補充說明及其他 /comment-page-1/

三、專文：

＊ 吳乃德，〈轉型正義和歷史記憶：台灣民主化的未竟之業〉，《思想季刊》第 2 期，2006 年 7 月，頁 1-34。

＊ 鄭得興，〈中東歐國家之歷史遺緒與轉型正義—以捷克及斯洛伐克為例〉，《台灣國際研究季刊》第 10 卷第 2 期，2014 年夏季刊，頁 63-81。

＊ 楊長鎮，〈雙重轉型與待完成的正義實踐〉，《當代》第 230 期，2006 年，頁 36–43。

＊ 薛化元，〈「轉型正義」問題的意義及歷史考察〉，《新世紀智庫論壇》，第 36 期，2006 期，頁 104–106。

＊ Paige Arthur, How "Transitions" Reshaped Human Rights: A Conceptual History of Transitional Justice, Human Rights Quarterly (Published by The Johns Hopkins University Press), Volume 31, Number 2, pp. 321–367 (2009).

＊ ELIZABETH B. LUDWIN KING, Amnesties in a Time of Transition, 41 GEORGE WASHINGTON INTERNATIONAL LAW REVIEW, pp. 577 (2010).

＊ Paul van Zyl, Dilemmas of Transitional Justice: The Case of South Africa. s Truth and Reconciliation Commission, Journal of International Affairs, Spring 1999, 52, no. 2 (1999).

近年政府的二二八轉型正義工作

余紫榕

【一】緒論

（一）轉型正義層面介紹

「轉型正義」（Transitional Justice）依據形式與程度的不同，被分為各種層面，依照人權與法律學者Ruti G. Teitel在《轉型正義》一書裡的分類，認為轉型正義有以下幾個層面：

1. 歷史正義：對高壓統治的過往進行歷史清算、發掘真相，藉以凝聚社會之集體記憶，重建政治認同。

2. 補償正義：恢復受害者權利、名譽，或給予金錢物質上的賠償，撫慰受害者並協助心理重建。

3. 刑事正義：透過法律審判的方式對舊獨裁政權加以究責、懲罰，以區隔從非法統治到合法統治過程中規範與價值的轉變。

4. 行政正義：透過公領域的整肅與清洗，對舊政權的幫凶如情治、軍隊、警察、政府官員、法官、線民等剝奪公職任用資格；對教育機構、學術團體、傳播媒體等協助不義政權之知識分子予以解職與整頓。

5. 憲法正義：透過憲法的重新建構，大幅改變過去的政治系統，進行制度變革，以建立合理持久的政治秩序。

（二）背景簡介

政府早期的轉型正義工作，主要著重於「補償正義」，如調查、立碑、道歉、「補償條例」等等。而接下來兩次政黨輪替對本事件的處理運作，不僅加入「歷史正義」的層面，還主辦或協辦更多形式的紀念活動，如：檔案展、紀念獎學金、連續劇、刊物、撫慰活動、學術研討會、音樂會等等。

但自解嚴至今近三十年，政府的民主轉型過程，由於未使臺灣社會形成共識，大多只能著重於「補償正義」，以及部分「歷史正義」的層面。因此難以觸及刑事、行政、憲法等層面的正義，如解構與導正威權時期的情治、司法。因此，本文將以上述兩種層面為主，介紹政府的二二八轉型正義工作。

【二】早期的調查與立法

臺灣民主轉型過程中，李登輝任內具有相當突破性的表現。一九八八年，他繼任第七任「中華民國」總統，舉行總統記者會，首次以國家元首身分，發表對二二八事件的看法，宣告談論本事件不再是禁忌。隨後令台灣省文獻會下鄉蒐集史料、進行口述採訪，開始了政府二二八的初次調查。

隔年，立法院於二月二十七日的院會中，集體為二二八事件死者默哀一分鐘，象徵本事件被確立為台灣歷史悲劇的一環。同年，國立編譯館亦首將高中歷史教科書加入本事件的史實。一九九一年，行政院二二八事件專案小組會中一致決議由政府出面，在台北興建「二二八和平紀念碑」，以化解長久以來的二二八情結，促進台灣未來的團結與民主化。

兩年後，行政院郝柏村院長率全體閣員為二二八受難者默哀一分鐘。直到一九九五年，由行政院「二二八事件專案小組」，決議興建的「二二八紀念碑」在台北新公園落成，李總統為本事件向全國人民道歉。同年，立法院通過「二二八事件處理及補償條例」，行政院依法成立「財團法人二二八事件紀念基金會」，正式運作接受申請案件。

（一）「二二八事件專案小組」

一九九〇年五月二十日，李登輝就任第八任中華民國總統，令總統府資政邱創煥組成二二八事件專案小組，撰寫「專案報告」，並提出適當的對策，以供政府部門參考。同年十一月二十九日，行政院成立該小組，隨後邀請許多專家學者撰寫研究報告。由賴澤涵擔任總主筆，包含吳文星、陳寬政、許雪姬、黃富三、黃秀政等國內臺灣史研究重要學者撰寫。

一九九二年二月，行政院版的《二二八事件研究報告》公布。在此期間，各政府部門相關史料大量公開。主要以一九九一年到一九九四年臺灣省文獻委員會出版的《二二八事件文獻輯錄》三冊，與中央研究院近代史研究所的《二二八事件資料選輯》六冊，以及一九九七年國史館的《國史館藏二二八檔案史料》三冊為主。

（二）「二二八事件處理及補償條例」

立法院於一九九五年三月二十三日通過此條例，第一條即開宗明義表示：「為處理二二八事件（以下簡稱本事件）補償事宜，並使國民瞭解事件真相，撫平歷史傷痛，促進族群融和，特制定本條例。」除立法目的外，亦包含了受難者及其家屬之定義，與其補償金之申請、數額、範圍、發給、領請，以及名譽受損申請回復，和檔案及文件之調閱等程序。除此之外，紀念基金會之設置與其基金用途，及其往後週年紀念活動之舉行，也在本條例的規範範圍。

隨後幾年，本法歷經了幾次的修正。先是一九九七年，立法院將第二條修正如下：「受難者應於本條例施行之日起二年內，依本條例規定申請給付補償金。前項期限屆滿後，若仍有受難者因故未及申請補償金，得再延長兩年。」隔年，又修正第三條、第八條及第九條的部分內容。直到二〇〇年五月，才將「二二八事件處理及補償條例」名稱修正為「二二八事件處理及賠償條例」，並修正全文。

【三】週年系列紀念活動

一九九五年，行政院依「二二八事件處理及補償條例」，成立「財團法人二二八事件紀念基金會」。除了接受申請案件等法律層面處理外，此基金會更致力於舉辦二二八週年紀念系列活動，而週年中樞紀念儀式，又因不少各地方與中央首長、政治人物和各界人士到場參與、致詞，更具重大的象徵意義。以下分別介紹歷年來幾場重要的週年系列紀念活動。

（一）五十週年

一九九七年的五十週年系列紀念活動形式多元，包括專題演講、紀念美展、發行紀念銀幣與紀念郵票、舉行紀念音樂會等等。二月二十六日的專題演講在政大公企中心國際會議廳舉辦，由紀念基金會董事長蔡政文與政務委員馬英九共同主持開幕式，瞿海源教授為主講人，並有八名學者發表八篇論文。二月二十七日舉辦的紀念美展，則由執行長鄭興弟、市長陳水扁共同主持開幕式，並展覽廖德政、歐陽文、鄭世璠等四十三位著名本土畫家之作品，參觀的民眾約在二十萬人左右。二月二十八日的紀念儀式，由副總統連戰、董事長蔡政文、市長陳水扁共同揭碑，蔡董事長主持開幕。同日的紀念音樂會則演出一系列本土性音樂，參加人數二千五百人左右。

（二）五十三週年

二〇〇〇年的紀念活動，則以在台北市二二八和平公園的追思紀念活動為主。此次活動舉行了「彩繪和平」寫生比賽，邀請台北縣市國小學生共約五百位小朋友參加。而在二二八紀念館地下室，也舉辦了藝文展覽「悲慟中的堅毅與昇華」，展出二二八受難者及其家屬所創作的作品。「愛與寬容音樂會」在公園露天音樂台舉辦，由二二八家屬及同好共同演出。紀念儀式則以簡單隆重之默思及獻花為主，由基金會董事長黃大洲及台北市市長馬英九共同主持。

（三）五十五週年

二〇〇二年，首先在嘉義市彌陀路辦理路跑活動，從全國第一座紀念碑出發，象徵意義重大。並在在嘉義市二二八紀念公園舉行紀念儀式，由紀念基金會會董事長胡勝正主持，行政院院長游錫堃致詞。下午則在總統府前廣場舉辦「二二八愛的台灣新家庭活動」，總統陳水扁親臨現場參加，與民眾排出象徵公義、愛與和平的「二二八」。基金會亦補助其他單位辦理相關紀念活動，如：二二八紀念音樂會、Say Yes to Taiwan 演唱會、二二八追思法會、二二八紀念美展等活動。

（四）六十週年

二〇〇七年二月二十六日，基金會首先在國家圖書館國際會議廳舉辦「人權與轉型正義 -228 事件 60 週年國際學術研討會」，二月二十八日當天舉辦「二二八國家紀念館揭牌暨二二八事件六十週年特展開幕儀式」，並與手護台灣大聯盟於凱達格蘭大道共同舉辦「228 萬人大合唱」活動。也同台灣基督長老教會於嘉義縣立表演藝術中心舉辦「二二八 60 年追思禮拜」，並協辦「第 8 屆台灣魂－正義無敵音樂會暨影展」活動於台北中山足球場展開。

（五）六十二週年

二〇〇九年為第二次政黨輪替後，首次舉辦的二二八週年紀念系列活動。首先在二月二十五日至三月八日於高雄市電影圖書館、台南國立台灣文學館、國立台灣大學舉行「二二八國際人權影展」。二月二十六日，展開「二二八歷史教育與傳承」學術研討會。隔日開始「二二八事件檔案、史料、文物暨家屬創作展」。二月二十七日至三月二十九日於高雄市二二八和平公園舉辦「2009 年二二八主題藝術巡迴展」，參觀人次計約三萬人。

（六）六十四週年

二〇一一年最重要的紀念活動為「二二八國家紀念館開館營運暨紀念音樂會」，由馬英九總統、吳敦義院長及詹啟賢董事長於開館儀式中致詞，二二八受難者簡吉之子等人代表二二八家屬蒞臨致詞。當日的紀念儀式，由馬總統率行政院吳敦義院長、台北市郝龍斌市長等人，在二二八紀念碑前獻花致敬與致詞。並舉辦「記憶與傳承」之二二八受難者暨家屬文物展，展示內容包括二二八國家紀念館建築物與場景之今昔對照，與戰後行政長官公署宣傳委員會出版的《新台灣畫報雜誌》及中、日語對照之《國語會話》書籍之原件資料，加上部分二二八受難者珍藏之重要的照片、文件及器物等。

【四】撫慰行動

自一九九七年三月三十一日，行政院財團法人二二八事件紀念基金會，進行撫慰小組第一次委員會，確立訪慰二二八受難者或其家屬之相關原則後，開始了撫慰聯誼活動、宗教性追思活動、遺族照護、清寒獎學金等行動。李登輝總統任內幾年便在各縣市府開始各類撫慰行動，包括各地參訪、餐敘、聯誼等活動。兩次政黨輪替後，陳水扁總統亦接見二二八家屬，馬英九總統則訪慰受難家屬。以下將介紹政府幾項重要的二二八撫慰行動。

（一）「走過二二八 疼惜愛台灣」關懷鄉土之旅

此活動共有六梯，分別在台北地區、基隆與宜蘭地區、雲林與嘉義地區、台南地區、高雄與屏東地區、桃竹苗地區等地舉行，由紀念基金會董事與人員與家屬一同至臺灣各地參訪、敘餐等。首梯活動於一九九八年十二月二十日、二十一日舉行，董事陽光漢與台北地區一百九十三位家屬熱烈參與，由張執行長志銘擔任領隊，沿途參訪廣興紙廠、台一苗圃、埔里酒廠、水里蛇窯、明新書院等地點。

（二）「二二八追思紀念法會」

二二八追思紀念法會為紀念基金會辦理的二二八相關事務中，家屬們最看重的活動之一。每年自全國各地的二二八家屬齊聚一堂，參與佛教儀式之法會，整日頌經參拜，共同誦經迴向給受難親人。不克前來台北的受難家屬，則近參與各縣市佛寺辦理法會，為先人們設立牌位祈福。除此之外，為服務不同宗教信仰家屬，亦與台灣基督長老教會，在各地區共同舉辦「二二八追思禮拜」活動。

（三）清寒無依受難者及遺族照護辦理

依據「二二八事件受難者及家屬撫助作業要點」，撫助經「財團法人二二八事件紀念基金會」公佈認定在案，領有賠償金之二二八事件受難者本人及其遺孀、父母、直系血親卑親屬三親等以內或其他權利人。包括每年三節（中低收入戶身心障礙者及中低收入戶老人）、重陽敬老金（六十五歲以上之受難者本人、遺孀及父母）、急難救助（火災、水災等天然災害導致生活困難者）、喪葬補助（受難者本人、配偶及父母）等方面。

（四）二二八家屬晉見陳水扁總統

二〇〇七年二月二十七日，紀念基金會執行長李旺臺於二二八紀念六十週年，陪同以廖德雄先生等五十人為首的二二八家屬代表團，前往總統府晉見陳總統水扁先生。由於當時全台各地二二八紀念館，部分面臨經營困難及展示文物無法交流的問題，家屬建言認為應設立「二二八和平基金」，並有效統合各紀念館，得以永續經營。而總統除了表示希望受難者家屬希望能夠走過二二八事件的陰影，與過去幾年政府對二二八事件的作為，仍有進步的空間，在隔日也前往嘉義市二二八紀念碑前獻花，並代表政府向二二八受難者家屬道歉。

（五）馬英九總統訪慰張七郎家屬

張七郎醫師為花蓮當地首位西醫，積極參與地方事務，除興辦教育，創設鳳林中心。隨後亦出任花蓮縣參議會議長，並當選制憲國大代表，但在二二八事件時與二個兒子同時受難。二〇一四年二月二十八日，馬英九總統則於二二八事件六十七週年，前往花蓮縣鳳林鎮三度前來墓園弔唁，並至家中問候其家屬。張七郎孫子張安致詞時則表示，馬總統對張氏家族的關懷，與其曾說願意概括承受早期國民黨政府對臺灣百姓所造成的苦難，令他感念在心。

【五】結語

近三十年，臺灣的民主轉型過程，政府不曾追究威權時期權力核心、政治菁英的過錯責任，也從未懲罰威權體制中的情治、司法等人員。加上未能使臺灣社會對二二八事件形成共識，因此本文開頭介紹了轉型正義的各面向，但被實踐的層面，大概只有「歷史正義」與「補償正義」兩項。

雖然第三波民主化過程中，許多國家犧牲了部分的轉型正義，才得以穩固國家安定，但政府起初對這兩者的追求，由於論述中摻雜了族群議題而顯得困難，家屬只得到形式的道歉、「補償」，外省族群則成了代罪羔羊。臺灣即將邁入第三次政黨輪替，筆者依舊期望政府能對二二八事件的詮釋形成共識，不再淪於各說各話，才能使責任釐清，並討論政府的二二八的轉型正義工作，需要做到何種層面。

參考資料：

一、網路資料

＊　中央通訊社，〈二二八補償　總統：從未間斷還會延續〉，（來源：http://www.cna.com.tw/news/firstnews/201502280059-1.aspx　，2015.02.28）。

＊　中華民國總統府新聞稿，〈總統接見二二八受難者及家屬〉，（來源：http://www.president.gov.tw/Default.aspx?tabid=131&itemid=12369，2007.02.09）。

＊　中華民國總統府新聞稿，〈總統探視二二八事件受難者張七郎家屬及出席「二二八事件67週年中樞紀念儀式」〉，（來源：http://www.president.gov.tw/Default.aspx?tabid=131&itemid=31858，2014.02.28）。

＊　立法院法律系統，〈二二八事件處理及賠償條例〉，（來源：http://lis.ly.gov.tw/lglawc/lawsingle?00014AFA0E960000000000000000A000000002FFFFFA00^012240920113^00001001001，2003.01.13）。

＊　財團法人二二八事件紀念基金會，〈228平反運動紀要〉，（來源：http://www.228.org.tw/pages.aspx?v=E8A16697235ABE57）。

＊　財團法人二二八事件紀念基金會，〈基金會大事紀〉，（來源：http://www.228.org.tw/largerecord.aspx）。

二、專書

* Ruti G. Teitel 著、鄭純宜譯：《變遷中的正義》，臺北：商周出版社，2001。

* 二二八和平日促進會編：《走出二二八的陰影 二二八和平日促進運動實錄（1987-1990）》，臺北：二二八和平日促進會，1991。

* 林宗義、蘇南洲、林淑芬，《邁向公義和平之路－弱者的苦難與策略》，臺北市：林茂生基金會，1999。

* 戴國煇、葉芸芸，《愛憎二．二八》，臺北：遠流出版社，1992。

／民間對台灣二二八轉型正義的貢獻

王俊藹／

相較於他國轉型正義的進程，很多由政府主導或協助，如阿根廷的「國家失蹤者委員會」由前總統阿方辛成立、南非國會通過《促進全國團結與和平法案》後成立「真相與和解委員會」；在台灣，積極進行轉型正義相關工作的多為民間人士，例如最早的二二八紀念遊行，便是由民間人士鄭南榕等人所發起。隨後陸續由各相關團體請願、黨外人士爭取，政府才被動地建立相關政策，至今卻仍不足夠。甚者，於轉型正義工作告一段落時出版的報告書，在台灣，類似的工作卻是交由民間的真相與和解促進會來撰寫，惟因台灣的轉型正義尚未完成，故報告書只能為「階段」報告書。

無論是早期或是近期，民間在轉型正義上發揮了重要的推進力，也因此迫使政府回應民間對追求真相的要求，間接促使了補償及賠償機制的建立等等。民間對台灣的轉型正義有著不可抹滅的貢獻，以下將著墨於民間對於二二八轉型正義的付出及成果，還有如何促使政府開始作為。

【一】開端

自一九五〇年代起，隨著海外台獨運動的展開，台獨人士每年都會舉辦二二八紀念活動；至於在台灣國內，則因社會長期處於戒嚴及白色恐怖的高壓氛圍下，人民持續禁聲，僅有一九七〇年代台灣長老教會發表的〈對國是的聲明與建議〉、〈我們的呼籲〉、〈人權宣言〉作為台灣人權倡議的先鋒。一九八六年，台灣人權促進會假借「省籍與人權」為座談會主題，實則紀念二二八。台權會與民進黨的合作為二二八的平反埋下伏筆。

一九八七年，二二八事件滿四十周年，是二二八平反歷程中極重要的一年。二月四日，〈自由時代周刊〉創辦人兼總編輯鄭南榕與陳永興等人，透過台灣人權促進會、台灣政治受難者聯誼會等民間團體，成立「二二八和平日促進會」，並陸續於二月至三月間舉辦演講，遊行等等。此舉打破了國民黨的二二八禁忌，成為第一個以二二八為訴求的功能性組合，其成立宣言為：「紀念二二八事件，促成公布真相，平反冤屈，並訂定二月二十八日為和平紀念日」。二二八和平促進會會長陳永興在組織成立前夕在〈為甚麼推動二二八和平日促進會工作？〉一文中寫道：「它將帶給台灣社會正在朝向民主開放、自由解禁的進步過程最根本的心理健康基礎。」這也彰顯了轉型正義的價值，可謂是二二八轉型正義的啟始。

一九八八年的二月二十八日，「二二八和平日促進會」更設法在內湖設置紀念碑，卻因官方阻撓而失敗，隔年八月，當時的嘉義市政府不顧中央施壓，在二二八事件當時死傷最嚴重的地區，同意建造全台灣第一座二二八紀念碑。關於嘉義的二二八紀念碑也有段富啟發性的故事，嘉義二二八紀念碑舊址原是吳鳳銅像，官方長期渲染吳鳳對抗原住民的事蹟讓原住民感覺自身文化受到羞辱及醜化，為了抗議這樣的文化壓迫，鄒族青年及林宗正牧師等人拆除吳鳳銅像，即為「吳鳳銅像破壞事件」。後來經過一翻抗爭，銅像原址上佇立的不再是具有文化歧視的個人崇拜雕像，而是有轉型正義意涵的二二八紀念碑。

直至一九九五年，當時總統李登輝才代表政府為二二八事件道歉，這是政府於事發四十七年來，首次道歉。同年三月，立法院通過法案，將每年的二月二十八日訂為和平紀念日。平反的第一步，「二二八和平日促進會」走了八年也才有初步的成果。然而，還有很多關於人權、正義的問題，仍舊懸而未解，不知道還要走多久。

【二】歷程

解嚴後，要求澄清二二八事件的聲浪大增。在二二八平反運動發展初期，屢屢因政府的施壓而窒礙難行，政府對於所有來自相關團體及民意機關的質詢，態度極為推託敷衍，回應多為卸責之詞，例如李登輝曾在一九八八年的記者會上聲明：「這個悲劇每年被反覆拿出來是違反愛心的，我們應該向前看」，然而這類推託卸責之詞時至今日仍是很多官方或民間人士對於紀念二二八的批評論調。一九八九年後，政府的態度才漸漸鬆綁，迫於民間壓力而釋出漏洞百出的調查報告，可見民間對二二八平反的堅持，使政府感受到壓力。李登輝就任後，擔憂二二八事件會引發政治風暴，急於尋求解套，由此可見，讓政府正視二二八問題的，正是民間由下而上的推動力。

宗教力量的加入也為二二八平反運動及化解衝突增加不少助力，例如曠野雜誌社於一九九〇年的世界人權日所舉辦的「一九九零平安禮拜」，集結各教派教友、二二八受難者家屬、政府官員以及黨外人士，呼籲社會重視台灣的人權問權及歷史傷痕，此次禮拜也是首次政府公開面對二二八的場合，引起國際關注。佛教青年協會也曾舉辦二二八法會。長老教會亦曾藉著自省道歉文譴責國民黨過去四十多年來對於二二八事件的漠視及卸責。

一九九〇年，十二月，二二八受難者林茂生之子林宗義致函李登輝，提出應依據三個原則處理二二八事件：（一）向台灣的歷史及人民交代；（二）向無辜受冤者及其家屬交代；（三）向國際交代。並要求政府指令相關部門：（一）二二八事件地真相應公正地予以公布、（二）向二二八事件受冤者公開謝罪、（三）二二八事件受冤者家屬於以賠償、（四）建造二二八紀念和平塔於台北市市中心、（五）設立二二八紀念基金會以消弭省籍情結，以利民主政治。該函是首次提出真相公開、建紀念碑、道歉、賠償、文教工作五大要求，這些要求皆是轉型正義的重點工作。這封信件受到李登輝的重視，成為日後平反二二八的重要綱要。

同年，行政院邀請學者專家，成立「行政院二二八事件專案小組」，負責蒐集並研究相關史料，一九九一年，林宗義從二二八家屬團契中選出家屬代表，與李登輝會面，提出（一）公開真相、（二）道歉賠償、（三）建紀念碑館、（四）設二二八為國定紀念日、（五）設二二八基金會從事文教工作。林宗義更加入「行政院二二八事件專案小組」，成為首次由民間力量介入官方處理二二八相關事務的重要里程碑。民間也開始呼籲應將二二八事件編入教課書，推行文教相關的工作。一九九二年，《二二八事件責任歸屬研究報告》公開。

關於二二八受難者的相關賠償，曾在各種場合被提起，金錢賠償是最方便也是少數政府在進行轉型正義較為完整的面向。「財團法人二二八事件紀念基金會」為行政院依據《二二八事件處理及賠償條例》第三條於一九九五年成立，初期工作主要為處理二二八事件賠償相關事宜。

【三】其他相關活動

自平反二二八的第一槍響起後，台灣各地的二二八相關紀念活動陸續出現，遍及全台灣各地，類型也日益多樣化，現在每年二二八前後，各地都會有官方或民間的紀念活動，除了悼念儀式外，現今的活動為了引起不同群體的關注而出現別於以往的紀念方式，造就了有不同的風格及階段性目的多元面貌的二二八紀念活動，舉凡宗教儀式、紀念音樂會、展覽、演講等等。除了上文提及具有代表性的活動，以下列舉幾項較具特色的二二八紀念活動。

（一）二二八文學會議

一九八九年由「台灣筆會」發起，邀請文學家及相關團體就二二八事件的與台灣文學的關係進行討論，試圖以不同切入點探討二二八事件發生的背景及始末，與台灣的社會文化連結。「二二八文學會議」與會人士共同簽署聲明，強烈要求權力當局進行政治改革。

（二）正義無敵音樂會

自二〇〇七年起，陸續於二〇〇八年、二〇一〇年舉辦，前身為「台灣魂音樂會」，以推行轉型正義為目的而舉辦，發起人多為藝文界、學術界及政治界人士。並邀請台灣民眾及政黨人士共同簽署「台灣轉型正義宣言」。

（三）共生音樂節

共生音樂節自二〇一三年開始舉辦，由一群關心台灣社會及歷史的學生發起，每年二月二十八日於自由廣場設舉辦音樂節，從前一年的十一月起開始陸續舉辦講座、影展、地景導覽。積極與全台各地高中大學合作，希望從校園深耕，喚起年輕族群對二二八及相關歷史的了解，並用一種新而多元的方式紀念二二八。

「共」字由「二」、「二」、「八」三個字組成，採用共生（uburun）的概念，希望藉著了解過去歷史中的衝突與傷害，反思正義問題，尋求能讓各族群共同生活的想像，與歷史、與所有人和解共生。

【四】結語

轉型正義應該是共同生活於這片土地上每個人的責任，在台灣，民間相關團體率先擔負起了這項艱鉅的任務，而政府方面的作為卻往往顯得被動且敷衍，社會中仍存在著大大小小威權遺毒和尚未完全癒合的傷口，時不時挑戰著人民與人民、人民與政府間的信任、挑戰著正義的價值。如果現今正是再次推動台灣轉型正義的關鍵時機點，那麼除了民間的努力之外，勢必要有更踏實且用心的政策和作為進行配合。台灣的轉型正義仍是條漫漫長路，儘管艱辛，欣慰的是有群人仍堅毅地走著；然而，只有一群人是不足夠的，政府不能總是缺席，我們也是。

參考資料：

一、專書

＊臺灣民間真相與和解促進委員會編，《記憶與遺忘的鬥爭：臺灣轉型正義階段報告》，台北：衛城出版社，2015。

＊二二八和平日促進會編，《走出二二八的陰影－二二八和平日促進運動實錄》，台北：二二八和平日促進會，1991，頁24。

＊林宗義、林淑芬、蘇南洲合著，《邁向公義和平之路－弱者的苦難與策略》，台北：林茂生愛鄉文化基金會，1999。

＊李禎祥等編，《人權之路－台灣民主人權回顧》，台北：玉山社出版事業，2002。

二、電子媒體

＊財團法人二二八紀念基金會（http://www.228.org.tw/）。

＊臺灣民間真相與和解促進委員會（http://www.taiwantrc.org/）。

＊共生音樂節臉書粉絲專頁（https://www.facebook.com/GongSheng228/?fref=ts）。

論台灣可能的轉型正義實踐

／于筑庭／

二〇一五年十月，真相與和解促進委員會出版了台灣轉型正義階段報告書。在民間團體的努力下，這條晦澀的路上，愛與恨才能不只是於原地雜沓的一種激情和喟嘆，而是讓每種情緒成為一種足跡，指引後方的人們如何前進。自解嚴以來，轉型正義的概念多有所倡導，就實質內涵的討論，關於何謂真相，關於那些加害與被害，口述歷史已建構了事件大部分的記憶；而關於現在的台灣，究竟該採取什麼樣的機制，以追求我們渴望發生的正義呢？本文將先介紹轉型正義的幾種機制；進而挑出該些機制中作為主軸的「審判」和「真相委員會」，各述一國的經驗並簡評之；最後於這樣的基礎上，討論較適於台灣的轉型正義實踐。

【一】轉型正義機制之簡介

美國和平研究所（USIP）二〇一〇年出版了〈平衡的轉型正義〉一書，針對全球已經進行不同程度轉型正義之國家，採用公認的五種主要轉型機制：

（一）審判

係指透過國家的司法程序，對加害者進行追訴，藉由刑罰使加害者為其行為負擔相應之責。此種機制的特徵是以「法治」和普世價值為基礎來審判加害者，加害者的行為即使合乎當時的法律或政治體制，如果違反自然法的基本精神和普世價值，仍然負有刑責。關於此機制之實踐，最著名即為「紐倫堡大審」，十一個戰勝國於國際法庭審判二十二位納粹戰犯，其中十二位被判處絞刑。

（二）真相委員會

此係暴露加害者及其行為，可是不加以追訴；也就是放棄司法正義，給受害者歷史正義，同時也讓歷史真相成為後代民主教育的重要素材。至二〇一一年為止，全世界已有超過四十個國家，成立類似的真相委員會，其中最受世界矚目的是南非所成立的真相與和解委員會。

（三）特赦

指國家免除加害者全部或部分的服刑。過去的政府及其統治在現行民主體系下被看做是非法的，但為了保持國家的穩定和團結，對過去政府及其雇員的罪行實行特赦。柬埔寨、南非、智利等國家在近代均對其過去的當權者進行過特赦。

（四）賠償

此指物質之賠償。轉型正義下有意義的賠償是，社會透過賠償的行為檢視當時的不義。個人受害者成為補償對象最早出現於二戰後的「巴黎補償會議」，德國政府以及戰爭期間使用過奴工的大企業，都對受害者，特別是猶太人提出補償，第三波民主化的國家中，補償受害者最為完整的應是智利，期建立全國性的醫療網，為受難者及家屬提供生理和心理治療。

（五）除垢

此為行政正義之一環，以「個人」為對象，審查過去曾任職於特殊機構之個別成員，如有侵害人權之紀錄，將剝奪其公職，或其作為候選人之資格。如波蘭的〈除垢法〉，要求欲從事高階公職之人均須填寫除垢聲明，由公共利益委員會審查，並交予除垢法庭加以釐清。

【三】各國之轉型正義實踐

（一）審判——以阿根廷為例

阿根廷的軍人政權，於一九七六年達到聲浪高峰，其也不諱言地將壓迫反對派的行動稱為「骯髒戰爭」。然而，隨著福克蘭島戰爭的慘敗及經濟的凋敝，軍人執政團不得不於一九八二年交出政權。其於下台前公布「最後文件」，指出政府在骯髒戰爭中，之所以採取法律外的手段，時為當時特殊情況所需；同時並簽署一項條例，內容包括「所有特務、警察和監獄對顛覆行動及恐怖主義所進行的一切行動，都符合軍隊及軍人執政團的規劃和指令」；其甚至通過〈國家正義法〉，宣稱軍政府過去對人民所作所為乃是為了保護人類尊嚴，免於恐怖主義和顛覆行動，該法並免除一九七三至一九八二年間所有人權侵犯的追訴權，因而此法被稱為「自我赦免法」。

嗣後，人權律師出身的急進黨總統阿方辛宣示：當選之後將對加害者提出司法追訴。阿方辛下令成立「失蹤者國家委員會」，該委員會的報告《永不重蹈覆轍》於一九八四年出版。根據這些資料，布宜諾斯上訴法庭於一九八五年四月二十一日第一次開庭，同年十二月九日法庭作出判決，前獨裁者韋德拉判處無期徒刑；前獨裁者維奧拉判處有期徒刑十七年。

然而，在這個起訴熱潮中，轉型正義的處理引起了第一次的軍事叛變，一名中校佔領了首都郊外「五月營地」的步兵學院，他的行動受到同樣背景的軍官支持；數萬民眾開始聚集在五月廣場支持政府。一個月後，阿方辛總統向國會提出〈適當服從法案〉，根據此法，不僅是中下級軍官和特務得免除刑責，即使是高階人員，如果控方不能證明被告是罪刑的設計者和啟動者，就無法加以追訴。

兩年後，右派裴倫黨的梅能當選總統。梅能特赦了審判中四百名加害者，阿根廷的轉型正義也隨後畫下句點。

從阿根廷的例子可以看出，審判的代價常常是面臨叛變、面臨不同時代強勢價值的相互戰鬥，而無法免於各方做出退讓與妥協。加害者須承擔的不僅僅是道德上的非難，更是國家權力施予的懲罰。審判的實踐，雖然相較於其他的機制，明確、速效，而讓受害者對於正義彰顯十分「有感」；可是審判也有其難以橫越的限制：運用暴力清算暴力，往往喚醒暴力再次地反動。

（二）真相委員會－以南非為例

南非自一九一〇年從英國獨立後，即繼承原本殖民時期的種族主義，並在一九八四年國民黨上台後，以更為系統化、制度化的方式，確立了種族隔離體制。一九六〇年開始，非洲國民議會領導的一連串武力抗爭，引來官方查禁和鎮壓；兩方的衝突造成國內動盪，使其考量和談的可能。

一九三三年南非通過了過渡憲法，排除使用審判機制的可能性，揭櫫「以高度衝突、未被言說的受苦與不正義而深深分裂之社會的過去；與奠基於肯認人權、民主、與和平共存、所有南非人都擁有平等發展機會的未來」之精神。一九九四年國會通過了〈促進全國團結與和解法案〉，宣布成立真相與和解委員會，其目標係：「達成一致在道德上可被接受的和解。對大規模人權侵害的真相的追求需透過以下手段達成：由官方調查機制透過公正的手段為之；加害者完整而無保留的承認；公諸於世，也要讓公眾知道策畫者、行兇者受害者的感受。」並自一九九六年起，開始舉辦公聽會，以公開聽取並肯認受難者的故事與苦痛。另外，南非模式的一項重要特徵，在其採取「有條件的特赦」，加害者必須個別提出申請，完整揭露所有作為，方可免於刑事追訴。

特赦的審查與再議相當曠日費時，故特赦委員會的運作直到二〇一一年才結束，惟其於一九九八年便已交出總結報告。

自南非之經驗可知，真相委員會機制的操作不若審判，會造成社會情感的撕裂及加害一方的嚴重反彈；然真相委員會所需花費的時間和人力成本極高，且其運作之過程，是否是過度揭開受害者心中的傷？又其運作之結果，是否能滿足部分受害者對「以牙還牙，以眼還眼」的正義想像？

【三】台灣可能嘗試的實踐

（一）審判？

時至今日，台灣是否還有採取審判的可能，必須要正視到一個問題：司法審判必須在社會具高度熱中的期限內進行。然而，二二八事件距今已有近六十九年有餘，就個別層面來看，事件中的「加害者」與「被害者」，不是已辭然長逝，便是帶病在身，均非一個適於歷經訴訟的狀態，試想，要求加害者於九十多歲的高齡承受刑事懲罰，根本殊難想像與期待；另就整體層面觀之，社會是否已經錯過了最憤怒的那個時刻？現今的世代，和事件的當事人，其間有段無法忽視的鴻溝，我們不可能否認鴻溝中可能存在的障礙，無論是關切卻曲解，抑或是冷漠而疏離。

事隔多年的審判，其問題不僅僅是耗費的成本將更為龐大，亦必須面對投入的下場，是否社會要承擔再一次的撕裂，但這道傷的再揭開，之於和事件陌生的人民，或許只是一頭霧水的疼痛。

（二）真相委員會？

相對於審判，真相委員會或許是較可想像的實踐機制。然而，真相委員會未必是該國轉型正義進展的保證，誠如普莉希拉．海耐爾所言，真相委員會的任務並不輕鬆甚至充滿爭議，他們必須在有限的時間與資源下完成工作；他們要跟被掩蓋或否認的真相搏鬥，也可能遭受掌權者的抗拒；即便委員會最終完成總結報告，人們可能會發現，國家並未從此天下太平，許多關鍵問題仍然懸而未決。但總括來說，真相委員會的工作仍有其獨到的貢獻與價值，它會跟本地改變一個國家看待自身爭議性歷史的方式。

截至目前，台灣仍未有任何官方推動的真相委員會機制來徹底清查二二八事件，且尚有許多相關的國家資料並未公開。由國家支持成立的真相委員會，代表新政府處理陰暗歷史的能力與決心；遺憾的是，台灣卻未有機會對當年的加害系統進行反省，在民間團體致力於口述歷史的建構下，受害一方的臉孔已逐漸清晰；但弔詭的是，究竟是誰讓他們受害，卻無從得知。

省籍情結綑綁了台灣人民多年，如果我們轉型正義的目標，是在治癒因此而生的對立與嫌隙，那麼透過真相委員會，公開事件當時，加害與被害的資料，使其進入我們的社會記憶，或許是族群間尋求和解，最後正義的可能。

【四】結語

歷史是自由的進程。有些人或許認為，歷史是時代推進所製造的囤積物，背負包袱是增加前行的困難，是悖於對自由的嚮往；然而拋棄了歷史、拋棄了人類存活過的痕跡，才是真正的放棄自由。

寫下這篇文章的此刻，台灣剛歷經第三次的政黨輪替，新政權承諾了對轉型正義機制的建立及投入。我們期待著。期待這塊土地的歷史不再是政治鬥爭下欠缺尊嚴的籌碼；期待二二八歷史的建構不再區分是「政府」或「民間」的責任及功勞，而是因我們同作為這塊土地的「人」，所以我們選擇不忘。

我們在這裡，心願相同。這一路上，沒有人需要孤單。

參考資料：

一、專書

＊ 臺灣民間真相與和解促進委員會，《記憶與遺忘的鬥爭－卷一》，台北：衛城出版社，2015，頁36、頁97。

＊ 臺灣民間真相與和解促進委員會，《記憶與遺忘的鬥爭－卷二》，台北：衛城出版社，2015，頁120。

＊ 奧比．薩克斯，《斷臂上的花朵》，台北：麥田出版社，2013，頁40。

二、電子媒體

＊ 臺灣民間真相與和解促進委員會，〈什麼是轉型正義〉，（來源：http://www.taiwantrc.org/justness.php）

轉型正義納入歷史教育的可能性探討

／王順仁／

歷史由勝利者書寫，向來為統治者進行社會規訓和國族建構工程時的兵家必爭之地。而長期受中華文化熏陶下的台灣人，總是高舉「中立！理性！客觀！」之大纛，加之以官方慣性使用粉飾太平的敘述，回避問題的核心關鍵，導致台灣近代史中「敏感」議題去政治化的現象屢見不鮮；要求表面和諧而不願探究裡層傷口的思維，更使得台灣的歷史課本總單單成為服務黨國既得利益者的工具。

實則一來我們不該忽略課程本身作為一種「政治文本」（curriculum as a political text）的特質，想在歷史課本中完全避開政治書寫，或總是嚷嚷課本中的政治書寫僅有一味倒向當權者的想法，都僅僅只是消極的鄉愿。二來，雖然轉型正義工程中，強調清整加害者的概念常被社會框架所制約，或認為容易引起社會緊張感，或認為尚未取得共識的情況下不宜隨意發動，但我們都應當試圖拋開過往教科書中既陳舊又沈重的包袱，嘗試讓歷史教育成為轉型正義的重要管道之一，真正啟發學生具有求真、反省、批判性思考以及對未來多元的想像……等能力，以尋求對共生願景的描繪。

本文擬分別爬梳轉型正義和歷史教育當中的核心概念，並進一步說明轉型正義和歷史教育互相契合之處，或有將轉型正義課題納入歷史教育的可能。

知名中國經濟史學家科大衛（David Faure，1947- ）曾說：「是的，我相信我們讀歷史的目的是為了追求更好的生活。」台灣民間真相與和解促進委員會在解釋為何我們仍然要追求轉型正義時，也如是說：「對過去的不義選擇遺忘和忽視，意味著不願對防止將來的不義付任何責任。」從中我們可以勾勒出這樣的輪廓：重新檢視過去的傷痕，並希冀從中得到照耀未來道路的指引，是兩者概念交集的地方。在歷史教育的範疇裡，若我們仍將為了一個更好的未來，或僅僅是傳遞真相的價值，視為歷史教育重要的目的，那麼轉型正義所涉及的追討真實過去、尋找現今定位，試圖為未來找到正確的道路……，都是歷史教育中不該缺席的部分。

【歷史教育的目標與轉型正義】

根據二〇一二年實施的《普通高級中學課程綱要——歷史課程綱要修正規定》中，歷史科教學「目標」如下：（一）引導學生認識重要的歷史知識（二）培養學生具備蒐集資料，探索歷史問題，進而提升其歷史思維的能力（三）幫助學生理解自己的文化根源，建立自我認同感（四）認識世界重要的歷史發展，培養學生尊重各種文化的開闊胸襟（五）激發學生對歷史知識的興趣，養成終身學習的習慣，以充實生活內涵。雖然歷史教育最重要的目的究竟為何仍莫衷一是，但從上述教育部對歷史科教學目標的詮釋，撇除模糊籠統的字眼，可以發現除了基本對歷史知識的掌握外，多元文化、歷史思維和認同的形塑等，都是重要的指標。

台灣小小的土地上，包容了原住民、漢人、客家人、新住民……各式各樣的族群，要著手轉型正義的工程，就不能不先考慮到島上族群的多元性，和各族群複雜的生活經驗，這樣的特點在歷史教育中是重要的教學目標，也是轉型正義追求最終族群共生和解的範疇。

在實際課程綱要上，單元一主題四重點一「早期台灣 ／ 鄭氏統治時期 ／ 漢人政權的各項措施」中處理首個來台經營的漢人政權；單元二主題二重點一「清朝統治時期 ／ 開港以前社會文化的發展 ／ 族群關係」中討論原住民、閩、客族群間的互動；單元三主題三重點一「日本統治時期 ／ 殖民統治下的社會文化變遷 ／ 社會變遷」談及日台文化間的傳承脈絡；單元四主題四重點二「當代台灣 ／ 文化發展 ／ 多元文化的發展」中鋪陳台灣文化的多元發展；上述台灣史的單元，都是良好從事對建構族群多元面貌之處——。而轉型正義在歷史教育的首步工作，就應該奠基在對構築現今台灣多元樣貌的各族群文化有充分的理解，包括對原住民族群重新的深入認識、清領時期移民社會的土著化（indigenization）過程、日治後日本文化至今仍存續著的影響，到中華民國政府來台後種種打壓與歧視分化各族群的政策，其中的脈絡都是需要特別仔細補充的概念。

【歷史教育的核心能力與轉型正義】

二〇一二年的《普通高級中學課程綱要——歷史課程綱要修正規定》中還如此指出

歷史科教育所欲培養的「核心能力」有以下四點：（一）表達歷史時序的能力、（二）理解歷史的能力、（三）解釋歷史的能力、（四）運用史料的能力。前兩者著重在「能認知過去與現在的不同，並建立過去與現在的關聯性」、「能設身處地理解歷史事件或歷史現象」，以英國歷史教育學者 Peter Lee 的理論重新定義，即歷史學科第二層次概念（second-order ideas）中的"time and change"（時序與變遷）和"empathy"（神入）。時序與變遷的概念牽涉到必須讓學生有辦法理解歷史學科相較其他學科領域特有的緩慢性、積累性和延續性。舉例而言，二二八事件並非只表面地肇因於查緝私菸或行政長官公署衛兵槍擊請願民眾事件，對國民政府陌生的統治手法、雙方文化認知的差異、通貨膨脹導致民生困苦……等等背後政治、文化和經濟結構性因素的累積，所發酵醞釀出對國民政府不滿的積怨，才更可能是二二八事件真正具決定性的原因。

而後兩項核心能力則強調「能分辨不同的歷史解釋，說明歷史解釋之所以不同的原因」、「能應用史料，藉以形成新的問題視野或書寫自己的歷史敘述」，偏重在讓學生理解歷史是根據史料被建構出來的，而且歷史觀點並非一成不變。Peter Lee所謂「神入」概念的培養，便讓學生得學習設身處地的考量時代脈絡下人們的所知所感，進而以更具關懷和同理的態度看待歷史。轉型正義透過拼湊過去真相，希望達到伸張正義和尋求和解共生的歷程，和 Peter Lee 心目中歷史教育所追求的核心概念並無二致，其中藉由對以往真實歷史的重新追求，我們也正決定著往後要走的路。在反思並試圖重新探索的過程裡我們得尤其清楚，現實生活有形的傷口總會隨著時間慢慢結痂；但台灣島上苦難的歷史，那些被選擇以集體失憶的方式處理的無形傷口，只會隨著時間慢慢腐爛。我們永遠要謹慎處理這些看不見的傷痕，它們真真正正存在於曾經歷過那樣失落年代人們的心中，那些傷痕未曾跟隨任何生命的消逝而淡化，那些痛苦該被台灣人永遠牢牢記住，那些訊息必須被流傳到無限延長的以後，直到二二八成為所有台灣人的共同記憶。

【結語】

喬治奧威爾（George Orwell）《一九八四》中的名言：「誰控制過去，誰就控制未來；誰控制現在，誰就控制過去。」（Who controls the past controls the future. Who controls the present controls the past.）前半句解釋了歷史教訓對指引未來正確道路的鑒戒功能，後半句則提醒了我們不得不審慎分辨當權者對於掌控歷史書寫的權威。轉型正義在台灣已經錯過最關鍵的時刻，無論是解嚴轉型之際的李登輝亦或是之後陳水扁的上台，都沒有真正把握由上而下推動轉型正義的機會。雖然每個人心中對於正義都有著不同面貌的詮釋，我們的未來要轉型到怎樣的方向也沒有人可以武斷決定，但唯一可以確定的是，正義並非僅建立在虛妄的空想上，唯有透過不斷的探問、摸索和反省，我們才有可能更貼近答案。

在台灣，轉型正義未竟的道路看來還長著呢，我們還有太多的障礙需要跨越，還有太遠的終點以致我們現在還看不到盡頭，我一直只是個年少無知的理想主義者，邊走著走著啊，邊遇到了一群想法和理念接近的人，於是我們結伴前行，一起幻想著有一天，我們有辦法真正實踐些什麼價值，讓台灣變成一個更好的台灣。我們很緩慢的走，但我知道我們將會走得很遠，走到一個徹底擺脫中華民國體制，轉型成一個嶄新國家的那天，總會有一天。

【補記】

寫完這篇文章的時間是周子瑜事件轟轟烈烈的晚上，也是再過不到兩小時就要投票的凌晨六點多，於是裡面夾雜了許多先驗而不理性的言論，原也想重新來過，卻覺得這是自己內心最真實的反照，通通是那些很原初很本我的想法，於是任性的就決定照這樣吧。

真心希望有一天台灣可以重新審視過去曾犯下錯誤的歷史，那些傷痕和苦痛其實一直都在，雖然不敢說這是台灣所有人的歷史共業，但對這塊土地還存在一點點使命感和希望的人或許都該肩負起其中一小塊的苦難，這是我們必須一起面對和承擔的過去。我們必須足夠堅強，堅強到足以在回首過去的傷痛後，仍然很艱難很艱難的學習放下；我們必須堅強到足以擁抱仇恨，讓正義的花朵能夠開滿在台灣每一個曾經陰暗的角落。比想像中還晚，現在我的窗外才正漸漸泛白起來，「未來會更好的吧」，想起第一次在濟南路上也是天色漸漸亮起時流下的眼淚，而現在一切就像那天一樣，那樣悲傷卻又充滿希望。

參考資料：

* 石忠山，〈轉型社會的民主、人權與法治——關於轉型正義的若干反思〉，《台灣國際研究季刊》，第10卷第2期，頁1–30。
* 施正鋒，〈歷史教育、轉型正義及民族認同〉，《台灣國際研究季刊》，第10卷第4期，頁1–25。
* 林慈淑，〈歷史與歷史教育的目的——試析倫敦大學兩位學者的爭議〉，《東吳歷史學報》，第五期，頁179–204。
* 九年一貫課程社會領域課程綱要。
* 普通高級中學課程綱要（101課綱）。
* 蕭憶梅，〈理解歷史思維的重要性〉，《歷史教育》第十四期。
* Lee, P. (2005) How Students Learn History in the Classroom, Chapter2. Washington, D.C. National Academies Press.

回眸與追求：傳承不熄的暗夜微光 / 共生音樂節論述組 x 海嶼暗潮等編著 . -- 初版 . -- 臺北市：前衛 , 2016.02
面； 公分
ISBN 978-957-801-795-5(平裝)

1. 二二八事件 2. 藝文活動

733.291307　　105002748

回眸與追求：傳承不熄的暗夜微光

編著者　共生音樂節論述組 × 海嶼暗潮
于筑庭、毛祥年、王俊藹、王順仁、
呂昂樹、余紫榕、姜伯勳、徐祥弼、
陳令洋、范耕維、黃彥傑、楊小八、
趙　容、羅友維（按姓名筆劃排列）

校對　于筑庭、毛祥年、王俊藹、王順仁、
余紫榕、陳威廷、范耕維、羅友維

編輯排版　李璟蓉（共生音樂節美宣組）

編輯協力　鄭清鴻

封面設計　李宇恩（共生音樂節美宣組）

代理發行　前衛出版社
10468 台北市中山區農安街 153 號 4 樓之 3
Tel：02-2586-5708　Fax：02-2586-3758
郵撥帳號：05625551
E-mail：a4791@ms15.hinet.net
http://www.avanguard.com.tw

出版日期　2016 年 02 月初版一刷

定價　新台幣 230 元